Witches and Wizards

By
Lucy Cavendish

魔女と魔術師

ルーシー・キャベンディッシュ［著］ 住友玲子［訳］

アールズ出版

Lucy Cavendish
Witches and Wizards
The real-life stories behind the occult's greatest legends
9781925017441 (hardback)

First published in 2016 by Rockpool Publishing,
www.rockpoolpublishing.com.au

はじめに――ファンタジーの裏に潜む魔女と魔術師の真実

魔女や魔術師の〝人生〟を知りたい！

読者のみなさん、さあ、幕開けです。

この本は魔女や魔術師が長い時間をかけて作り上げてきた魔術の歴史や文化について触れています。そして、それぞれの魔女や魔術師が生きてきた軌跡を描いた本でもあります。

エリザベス1世の側近として仕えた魔術師の衝撃のストーリーもあれば、強風が吹きすさぶ丘に住む、天与の才能を秘めた魔術師の物語もあります。古代エジプトの神々を操る半狂乱の魔術師も登場します。どの物語も過去の出来事として留まることなく、現代に息づき、わたしたちの身近なマジックとして存在しています。

つまり、この本は魔女や魔術師に関するファンタジーやおとぎ話ではありません。かつて実際に存在した魔女と魔術師が、歴史のひと幕とどのように関わったかについて、事実を基に綴った本です。いわば、ファンタジーやおとぎ話の裏に隠れるリアルな魔女と魔術師の〝ドキュメンタリー〟です。

魔女や魔術師と呼ばれる人たちは、その時代をさまざまな形で生き、愛を経験し、苦境を耐え忍び、歓喜に舞い、彼らが信じる魔術を実践してきました。

その魔術はそれぞれが独特なものであり、とても魅力的であったのは間違いありません。だれもが皆、それぞれの信念に基づいて行った魔術なのです。

ところが、わたしたちが知る多くのストーリーは、表面的に捉えた言い伝えや、ファンタジー（空想）として理解されています。ファンタジーがいまや常識となり、その裏側に隠された真実が、常識の中に埋没してしまっているのです。


わたしは、長年にわたり魔女や魔術師のことを勉強してきました。その過程でとくに興味を惹かれるのは、彼らが現実の歴史とどのように関わって生きてきたかということです。そして、彼らが実際にどのような生活を送ってきたのかということです。

この本は、そんなわたしの強い好奇心を出発点にしています。カビ臭い古い文献から得たたくさんの知識と、実際に現地に足を運んで得た情報や感じたことをもとにして、そのエッセンスをまとめました。

みずから〝魔女〟を名乗ったとき

魔女や魔術師たちのことを知ろうと文献を読んでいると、彼ら、彼女らの情熱や栄光、時には悲劇、そして、その時代の世の中に対していかに大きな影響をおよぼしたかについて、数多くの発見をしました。でも、これまでは、それらをだれとも分かち合うことができませんでした。

わたしはシドニーの郊外で育ち、幼いころからちょっと変わった女の子でした。周りにいる同級生や友だちは、だれひとりとして魔女や魔術師のことに興味を示そうとしなかったのです。大人になっても、魔女や魔術師に対する興味と情熱は冷めることなく、それどころか自分自身がウィッチ（魔女）として鍛錬を積むようになりました。

初めて魔術を行ったのは1987年のことです。その年に、やはり初めて自作のタロットカード『Crowley-Thoth（クロウリー・トート）』（イラストはLady Fried Harris）を発表しました。その後、アヴァロンへ旅をし、ドルイドが辿った同じ道を歩くうちに、魔女や魔術師、そして魔術への情熱がどんどん膨らみ、魅了されるばかりでした。

シドニーの街中を歩いている時でさえ、キングス・クロスの魔女、ロザリーン・ノートンに想いを馳せました。ロンドンのコヴェントガーデンにある秘伝書ばかりを扱う本屋さんでは、ラビリンスを歩いているような気分に浸りました。

悪名高きアレイスター・クロウリーのことを一日中考えていたこともあります。大英博物館に足繁く通ったときは、ジョン・ディー博士のマジカルツールが展示された小さなキャビネットの前で、どれだけ眺めつづけても飽きることはありませんでした。

またその一方で、魔女たちが間違った形で理解されたり、不当な扱いを受けたりした彼らの過去にも惹きつけられました。こうした歴史の中に存在する魔女や魔術師たちに、わたしは大きな影響を受け、同時に勇気づけられもしたのです。

わたし自身が魔女を名乗りはじめると、当然のようにバッシングを受けました。先入観による反感や誤解、偏見などを経験することは避けられないことでした。そして、わたしと同じように、オカルト伝説に魅了され、似たような経験をしている人も、じつはたくさんいることを発見しました。

現代ではハリー・ポッターやロード・オブ・ザ・リングが大ヒットしたように、人々は摩訶不思議な魔術の世界に魅了されると同時に、ファンタジーの裏に潜む真実を知らぬまま過ごしています。これらは映画というフィクション上のストーリーですが、じつはそこにも古代から受け継いできた魔術の真髄を垣間見ることができます。映画のみならず絵本や詩集、絵画、ファンタジー系のテレビ番組なども、じつは根底にそうした魔女や魔術師たちが実際に存在したという真実に基づいているものなのです。

語り継がれるべきは、彼ら、彼女らの壮絶な人生

魔術はファンタジーではありません。魔女や魔術師の存在も同様です。彼らの真実のストーリーを知ると、彼等がわたしたちと同じ人間であること、そして、パワフルな影響力を持ってそれぞれの時代を生き抜いたことを実感するでしょう。現代のわたしたちがいろいろなことに悩み、葛藤しながら自分自身の人生を見いだすように、魔女や魔術師たちも同じように自分自身の道を、みずからの力で切り開いてきたのです。

時に、魔術に傾倒する人のなかに、魔術を習得すると、日々の生活でどんな厄介な出来事やトラブルが起きても、たちまち解決できると考える人が多いようです。魔女は、人差し指を立てて、呪文を唱えればなんでも叶う、なんでも実現できると……。

それは真実ではありません。魔女や魔術師も愛を感じ、失敗を経験し、矛盾や葛藤に悩み、そこから多くのことを学びながら成長を遂げているのです。魔女や魔術師として生きる道を選

んだ人々は、より大きなチャレンジを試みたり、時には身を危険にさらす経験をしたりすることもあります。

彼ら、彼女らの人生は、壮絶です。人々に語り継がれるべきだと思います。この本はそんな魔女や魔術師たちの〝生きざま〟を、それぞれの時代の歴史を通して伝えることを目的としています。ただし、限られたページでそのすべてを語ることは到底不可能だということを理解してください。

魔女の生きざまが生きる勇気と活力を与えてくれます

魔女や魔術師にとってとても危険な時代だった魔女狩りの時代にあって、独自の人生を切り開き、命を全うした魔女や魔術師たちがいます。その一方で、ドイツのヴェルツブルクや、米国ニューイングランドのセーラムで魔女狩りが行われたときは、投獄され、十字架に縛り付けられた魔女や魔術師たちがたくさんいたのも事実です。

それらの魔女や魔術師たちについては語られることはほとんどなく、忘れられてきました。この本では、だれもが知る有名な魔女や魔術師だけでなく、名も知れぬ魔女や魔術師、彼らにまつわるパーソナルなストーリーも紹介しています。

そうすることによって、忘れられた存在に敬意を表し、彼らの功績、生きてきた道筋を理解したいと思うからです。

この本に登場する魔女や魔術師たちの人生のストーリー、そう、〝生きざま〟を知ることで、彼らの魂とつながってください。わたしたちと同様に悩み、葛藤し、その経験を生かして人生を謳歌し、世の中に変化をもたらす存在として、力強く、たくましく生きた魔女や魔術師の真実を知ることで、あなたの人生に生きる勇気と活力が付与されることを願っています。

すでに魔女や魔術師として生きている人も、そうでない人も、すべての人の人生には意味があり、すべての人がこの世界にとって必要不可欠な存在だということ、そして、その命がすばらしい存在であることを実感してもらえれば本望です。

どうぞワクワクしながらこの本を読み進めてください。そして皆さんにもマジカルな人生が訪れることを！　この本が読者のみなさん一人ひとりにとって、自分自身のミッションを成し遂げるための栄養剤になりますように。

祝福とともに、ブラッドムーンの日に

ルーシー・キャベンディッシュ

装丁・本文組版——中山デザイン事務所

魔女と魔術師

［もくじ］

5章 入植地ニューイングランドのカオスの中で死をもって裁かれた魔女と〝法の真実〟

1章

★★★★★★★★★

魔女と神父が手をとりあって生きた時代

魔術師と神父の共同儀式

夜明け前の草原に一人の魔術師が立っています。彼の目は地平線を見据え、古代の儀式を開始する完璧な瞬間が訪れるのを待っています。太陽が浮かび上がる瞬間の、ひと筋の光も見逃すまいとして……。

静寂な空気を感じながら、彼は優しく、静かに呪文を唱えます。太陽が地平線から姿を見せはじめたタイミングにあわせて、呪文の一節、一節がパワーを集約してゆきます。彼の足元には種と草の束が4つ置かれ、広大な草原に馴染んでいます。

呪文を唱える声は少しずつ大きく、力強く、広がりのある音に変化し、彼の周りに人々が集まるころには、遥か遠くの群集にまで響き渡ります。

大地のエネルギーを宿す、古代から受け継がれた彼の呪文は、人々を魅了します。草原一帯に生気を呼び戻し、穀物や野菜、フルーツ、種子が豊潤に育つことを確信させるのです。すべての生きとし生ける存在が、これから迎える季節を全うしてゆく始まりとなるのです。

小さなコミュニティで暮らす人々は全員、Æcerbo（エイサボ）[*1]と呼ばれる儀式に参加します。農作物の豊穣を祈願するための祈りであり、大地が豊かな実りをもたらす肥沃な土地となるための呪文です。ファンタジーな物語を紡ぐ魔術でもなければ、驚きと楽しみに満ちたマジックでもありません。実に現実的に人々の生活を豊かにするための聖なる儀式です。

この儀式は太陽が沈むときに準備を開始して、翌日の夕方まで丸1日、24時間かけて行われます。魔術師が単独で取り仕切るのではなく、新教会の神父がともに参加し、祈りを捧げます。民は大地から持ち寄った草束を儀式の会場に運ぶ役目を担い、儀式に向けて準備を手伝います。

魔術師は、彼らが集めた草束の根っこを、ワイズ・ウーマン（女性の長老賢者）が手作りしたたっぷりのハチミツとオイル、牛乳、ハーブを混ぜ合わせた液体が入った器に入れました。草束に向けて呪文を唱えたあと、集まった群衆にも祈りを捧げます。

そして、それぞれに聖人の名前が彫られた4本の十字架を、草束が置かれた4箇所に立てました。かつて、4本の十字架には、聖人の名前ではなく儀式に関係のあるルーン文字が刻まれていました。しかし、神父とともに儀式を行うようになってから、大地を守る古代の神、オーディン（北欧神話の最高神）や、魔法を使う小人エルブスたちと同様に、聖人にも祝福の祈りを捧げるべきだということで、聖人の名に変更されたのです。

魔術師の本音として、それは心地のよいものではありませんでした。でも、この地に暮らす人々や牧師たちに安心感を与える効果があると考えて、この変更を受け入れたのです。

村の民と神父たちは、魔術師が行う儀式の準備をじっと見守ります。日の出と共に儀式がはじまると、魔術師は東を向き、両手を空高く広げ、呪文を唱えながら太陽の移動する方向に、3回その場を周ります。徐々に彼の声に力がみなぎり感情が増幅され、太陽が昇る速度にあわせてエネルギーが上昇します。
儀式で使われた草束と種は、その後、農地に蒔かれ、フランキンセスや塩、オイル、フェンネルを振り掛けます。儀式の最後には村人たちが豊穣と、祝福のはじまりを願い、呪文を唱えます。

Mother of Earth　　　　母なる大地よ
Earth, Mother of Mortals　　　　大地、この世の母
Erce,Erce, Erce　　　　聖なる導きを、エァーセ[*2]、エァーセ、エァーセ

この大地豊穣と祝福の儀式は、クリスチャンとペイガン（異教徒）、そして魔術の要素を少しずつミックスした一風変わった儀式で、それぞれがお互いを認め合う時代に一般的に行われていたようです。儀式の準備に一週間を費やし、神父と村人、魔術師による宣誓で儀式がはじまるというものでした。

キリスト教徒と魔術師、そして賢者（生まれながらその資質をもつシャーマン）の考え方や生き方が入り混じる、当時のいわゆる混合主義を象徴する儀式です。そして、その儀式がもたらす恩寵についてもまた、古代の神々による魔法と、新しい神々による「古代の叡智」の両者が併せ持つ力とされていました。

（＊1訳注）エイサボ（Æcerbo）は、アングロ・サクソンによって行われていた五穀豊穣を祈る儀式のこと。アングロ・サクソン語（古英語）で〝農地の治療〟（直訳）を意味する。

（＊2訳注）エアーセ（Erce）とは、11世紀に多く行われていたÆcerbot（エイサボ）で使われたおまじない。ラテン語のSanctus（精神）と同義語で3回唱えることによって、聖なる存在や誠実、純粋、本物、真実などを現実化するといわれていた。

古代ブリテンに広まるキリスト信仰

西暦400年から1300年ころまでは宗教の分野でさまざまな変化が起きていました。

古代ブリテンではケルトがローマ教の教えに併合され、古代の神と新宗教の神々が混在するなかで、さらに新しい神々が創出されました。英国バースの聖なる泉にいる女神、スリ・ミネルバがその一例です。

そしてサクソン族がやってきてルーン文字を広め、オーディンやトール、フレイヤの神々がニューウェーブ的な存在となります。そこにケルト宗教の生みの親の一人である聖コロンバ（ドルイド）を信仰するクリスチャンが現れ、その後に続くのが、ノルウェーに大きな影響を及ぼすことになるバイキングの登場です。

この時代には、ドルイドや神父、戦士、農夫、賢者、ワイズ・ウーマン（魔女）など、さまざまな異なる考え方をもつ、さまざまな立場の人々が、それぞれによりよく生きる道を模索していました。同時にその教えが目指すところは、立場の違いはあっても、皆が平和な生活を願うという一点において共通していました。

しかし、彼らの行ないのすべてが常に完璧で、平和が導かれたわけではありませんでした。悪意のある魔術に関する法律が定められ、罪を犯した者は1年間の刑、またはパンと水だけの生活を強いられました。

古代ブリテンの王であったアルフレッド大王（在位871〜899年）は、先祖が魔術に長けていた家系の出身で、代々継承されてきた教えは、現在 Wyrd（ウィルド）（36ページ参照）として知られています。そして、彼が理解するウィルドとは、生活を創造するためのエネルギーと運命を紡ぐ行動や意思は、神によってもたらされる、という考え方でした。彼はこう述べています。

〝われわれがウィルドと呼ぶ存在は、つまり神の行いのことなのだ〟と。

キング・アルフレッドはとても信心深い、敬虔なキリスト教信者でした。バイキングの侵略を阻止した戦士でもあり、洞察力に長け、思いやりがあり、慈悲深く、多くの人に信仰を広める伝道師でもありました。彼が当時の社会に及ぼした影響は絶大で、小さな町には次から次へと教会が建てられていったのです。

牧師たちは魔術師やワイズ・ウーマンと活動を共にし、バイキングたちはウェセックス王国の民となり農民として生計を立て始めます。こうしてキリストの教えを社会に布教してゆく過程は、とても緻密で抜け目ないものでした。暴力を加えて強要するようなことはなく、むしろ日常的な些末な会話のなかで、キリスト教の布教のために考えつくされた言葉が、人々に向けてひっそりと囁かれ、その結果、古代ブリテンのキリスト教的価値観の浸透が加速してゆきました。

古代ブリテンに住むアングロ・サクソン人（イギリス人の前身）にとって信仰は古代から伝わる考え方と新しい考え方を統合したものでした。イングランド南西部に位置するウィルトシャー州のアルトン・プライヤーズ（Alton Priors）という小さな村にすら教会が建てられると、人々は宗教という統合された大きなシステムの一員になったことを実感し、それを元に繁栄と発達が促されていきました。

九つの薬草の呪文

ナイン・ハーブ・チャーム（九つの薬草の呪文）として知られる、もっとも有名な異教信仰の一例を紹介しましょう。ここに書かれているフレーズが、アングロ・サクソン人の大いなる世界観と、異教信仰に対する思慮深く、抜け目のない対応について多くのことを明らかにしています。

ナイン・ハーブ・チャーム（九つの薬草の呪文[*3]）

蛇が這い来たり、人を傷つけたり。
ウォーデンの九つなる栄光の枝を取り、
蛇を打ちのめし、九つに砕け散りぬ。
ここにおいてアップルは毒に満たされ、
以後人の家に蛇が住まうことを欲さざる。

A snake came crawling, it bit a man.
Then Woden took nine glory-twigs,
Smote the serpent so that it flew into nine parts.
There apple brought this pass against poison,
That she nevermore would enter her house.

この呪文（スペル）は当時、多くの人々が使っていたものです。10世紀にアングロ・サクソン人が書いた医学書『Lacnunga』（ラクヌンガ）[*4]という書物の中に見つけることができます。当時の呪文には、神の存在を示す言葉が含まれるのが一般的でした。イエス・キリスト、もしくは古代の神々を登場させるのが共通の認識でした。

「九つの薬草の呪文」のなかでは、2行目のウォーデン（Woden）と書かれた単語が、古代の神オーディン、もしくはキリストを意味します。

魔女や魔術師が、かつて、牧師や教会とたがいに手を取りあい、支えあって生きた時代があったとは、とても信じられないと思うかもしれませんが、それが真実なのです。

それでもしばしば、両者のあいだで小競り合いや言い争いは起きていました。時にそれはキリスト信者たちの魔術に対する嫉妬からくるものでした。そのため、信者たちは多くのペイガン（異教徒）の儀式や、その根底にある愛ある行いや、成長するために必要な崇拝心などを模倣するだけでなく、魔術を実践する者たちを教会側に引き入れようとすることもありました。

イギリスのウェストミンスターの大寺院には、今もグリーンマンのイメージが置かれ、庭にサクソン人のルーン文字を見つけることができます。また、信者の墓地にはイチイの木が植えられています。これらはすべてWyrd（ウィルド）の教えから派生したものです。

女神オステラがイースターに変わり、ユール（冬至）がクリスマスに変わり、サーウィンがハロウィーンのイブに変化して、現代に受け継がれています。

ウォーデン（Woden オディーン）は「水曜日（Wednesday）」の語源であり、木曜日の語源はソー（Thor）神、金曜日の語源はフレイヤ（Freya）の日です。このようにウィルドの教えは、現代の生活の中にもしっかり溶けこんでいて、現代においても私たちはアングロ・サクソンの魔女や魔術師たちとともに日々を過ごしているのです。


（＊3訳注）この呪文は、『アングロ・サクソン文学史・韻文編』（唐澤一友訳／東進堂、2004年刊）にも掲載されている。

（＊4訳注）Lacnunga はレメディー（治療法）を意味する。この医学書は主に古英語（アングロ・サクソン語）で書かれたアングロ・サクソン人の医療法と祈りが記録された書物。原本は英国国立図書館に所蔵されている。

〝異端〟が警告される時代へ

　こうして伝統的な儀式における魔術は、中世の前半（5〜10世紀頃）まではキリスト教と協力しながら生活に根を下ろしていたのです。とはいえ、当時の社会全体に幅広く認められた存在ではなかったので、時には猜疑心の目を向けられたり、非難を受けたりすることもありました。しかし、アングロ・サクソンの伝統的な呪文の中には、古代の神々や妖精、エルフが、キリスト教の聖人や天使とともにひとつの儀式のなかで共存していることを多く確認できます。

　九つの薬草の呪文は、イエス・キリストとオーディンの新旧二人の神々を召喚することによって、病気や呪いを跳ね除ける効果をもちました。また、キリスト教信者とヘッジ・ウィッチ（薬草魔術の鍛錬者）の信者のどちらをも癒すために使われていました。大地を祝福するときには妖精やエルフ、聖人や木々の神が呼ばれたのです。

　つまりこの当時、600年くらいの間、絶対的な唯一の神という存在がなかったのです。そして数百年にわたりさまざまな宗教が分離、統合を繰り返すなかで、古代先住民族の教えから新しいキリスト教にいたるまで、多岐にわたり、ありとあらゆる信仰心が平和を求めて、新旧両方の教えが人々によって大切にされたのです。そこには、薬草治療や助産術などの、いわゆる口頭伝承されてきた叡智（教え）なども混ぜ合わさっていました。

当時の教会では、魔術は〝神話〟だと教えていました。旧約聖書に魔女エンドールに関する記述があるにもかかわらず……。そして、日常のお祝いの儀式や、日々の祈りの中で伝統魔術を使いながら、その一方で、魔術を信じる者を〝過去〟の信念に囚われたペイガン（異教徒）と見なしたのです。

しかし、西暦600年前後の教会は、内部問題をたくさん抱えていて、その解決に多くの時間を費やしていました。なかでもカトリックの教会は独自の問題や葛藤を抱え、オリジナルの呪文を作り上げたりしていました。

ローマ教会は、はたしてグローバルな宗教なのでしょうか？　最初の聖人ピーター（ペトロ）、やポール（パウロ）は、だれよりも人々に崇敬されるべきなのでしょうか？

ケルト宗教ではドルイドの教えをミックスするべきなのでしょうか？　女神ブリジッドを崇拝し彼女を聖人化する教会は異教に走りすぎているのでしょうか？

こうしたさまざまな異端信仰における信条の違いが、争いを生む大きな原因になってゆくのです。

その結果、この時代はその後の時代の到来とともに、人々の関心はキリスト信仰が広まった地域の外へと向けられていったのです。旧約聖書に書かれている内容をよそに、スペルを行う者やスピリットを扱う者たちと関わることに、警告が発せられる時代が到来したのもこのころのことです。

預言者サムエルの霊を呼びだす魔女エンドール

旧約聖書のサムエル記のなかに、サウル王が魔女エンドールからアドバイスを受ける、というとても興味深い物語があるのは広く知られています。

あらすじを簡単に紹介しましょう。

サウルはイスラエルの王で、魔女や黒魔術、ワイズ・ウーマンなど、今でいうミディウムと呼ばれる霊媒師が行う超常現象を一切受け入れず否定した人物でした。ただ、その後、彼自身に、そんな存在がどうしても必要になる時期が訪れるのですが、それまでは、魂やハーブなどを扱い儀式を行う者たちを厳しく批判していました。

サウル王は常々、預言者サムエルに助言を求めていました。しかし、サムエルがこの世を去ったあと、喪失感に苛まれます。サムエルのような預言者を助言者としてふたたびそばに置きたいと強く願います。

ある日、サウルは、山奥の洞窟で人間との接触を避けて暮らす一人の魔女のもとを訪ねます。

この魔女がサウルの求めに応じて、サムエルの魂を呼びだすと、サウル王はサムエルの魂に向かって助言を求める言葉を投げかけました。

そのときサムエルの魂は、安らかな眠りについていました。突然、サウルのもとに召喚されたサムエルは怒ります。しかも、召喚が神の手でなく、魔女によって行われたことに憤慨し、サウル王を厳しく非難したのです。

ところが、サウル王は、サムエルを怒らしてしまったことなど気にもとめず、今、そこに響きわたる声を発しているのが、まさしくサムエルであることに感動します。サウルはそれが正真正銘、サムエルの存在であると実感したのです。

サムエルは怒りをあらわにしながらも、サウル王の求めるままに預言を続けます。

「もし、戦いに挑むならば、サウルは生き延びることができないだろう、そしてサウルの戦士たちと息子、そして大地もすべて失うだろう」と。

サムエルの預言が、常に真実であることをサウル王は確信していました。

サウルは悲嘆にくれ、泣き崩れます。

そんなサウルを魔女は慰めます。彼女に会うために2日間、空腹に耐え、山奥までやってきたサウル王に食事を提供し、休息のために自分の寝床を提供しました。

サウル王は、悲しい預言を受け取ったにもかかわらず、長年かけて計画したペリシテ人との戦いを中止するわけにはいきませんでした。ペリシテ人は古代パレスチナ南岸に住み、長年にわたりイスラエル人を悩ましてきた好戦的な民族です。サウル王はサムエルの預言を無視して

魔女エンドールのマジカルな洞窟

戦いに挑みます。

その結果は、サムエルの預言どおり、戦士たちは残虐に殺され、息子も命を落とします。そしてサウル自身も重い傷を負ったのです。神であるサムエルの警告を無視した報いを受けたのだとサウルは悟り、最期は自らの剣で命を絶ちます。

古代の神々と新しい神々が融合する穏やかな時を経て……

この旧約聖書の物語は黒魔術と、霊媒師と呼ばれる魔女の存在が美しく描かれる、とても興味深い内容です。物語に登場する魔女は〝賢者〟であり、慈悲深く、サウル王が信頼をおく存在です。

旧約聖書に描かれるこの苦境を乗り越える物語に、私たちは、魔術を扱う者（魔女）とヘブライ人の大司教のあいだにある、曖昧な関係性を垣間見ることができます。

つまり今日にいたるまで、このサムエル記の内容はキリスト教信者たちによって繰り返し議論の対象とされてきました。それでも、魔女エンドールは、優しく、能力に長けた、正直な魔女であることに間違いありません。彼女の存在は長年にわたりワイズ・ウーマンとして理解されてきたのです。

ちなみに、1960年代にヒットしたアメリカのテレビ番組〝Bewitched〟（邦題「奥さまは魔女」）の主人公サマンサの母親として登場するエンドラ（Endora）の名は、旧約聖書に登場するこの魔女エンドールからつけられたものです。

さて、この魔女エンドールの物語は、人々に伝統的な魔術や古代から伝わる風習、そしてその当時慣れ親しんだ新旧の神々によって融合されたマジックを受け入れやすい環境をつくりました。そして、こうした魔術を扱う人々の存在価値を総体的に認める動きにつながったのは言うまでもありません。

しかし、それも14世紀初頭までのことです。ヨーロッパ全土に猛威を奮う自然災害と伝染病によって、人口が半減するほどの事態に陥ることで、魔術を取り巻く環境は激変することになります。

★★★★★★★★★★★★★★★★★★★★★★★★★★

COLUMN

説明できない言葉〝ウィルド(Wyrd)〟とはいったい何?

ウィルド（Wyrd）とはアングロ・サクソン語で、古代ノルウェーのルーン占いで使うルーン文字のひとつで、運命とエネルギー、自由意志を意味し、これらが神の存在と融合されたときにその魔力が発揮されると言われています。時に多次元、無限、現世・過去世を含めた広大な領域を捕捉する神秘的な言葉ですが、ひと言で説明し理解するのはとても不可能です。

ウィルドという言葉は、英語の「Weird（一風変わった、変な）」という言葉の語源にもなっていて、自由意志、個人の運命、神の意思、環境と国や家族、血縁からくる絶対的な運命、これらすべてが融合され入り混じった一風変わった意味を含んでいます。

また、ウィルドは、前述したように多次元に及んでいるため、目に見えるものも、見え

★★★★★★★★★★★★★★★★★★★★★★★★★★★

ないものもすべてを包括し、それらはすべて、永遠に一定のパターンで相互につながっているという考え方を基本としています。それらのつながりのひとつが変化すると、間接的につながる先にも影響を及ぼします。これは魔術にも同様の現象が見られます。

つまり魔女や魔術師にとってウィルドは、ルーン文字のなかでとても重要な意味をもつことになります。なぜなら魔術とは、魔女や魔術師が現実の世界を理解し大切にするために行うものであるからです。

ウィルドの多様な解釈はクモの巣の網のように相互に絡みあいながらつながっています。その中から必要な意図を引き寄せると、かならずその他の事象になんらかの因果関係をもたらします。

ですから魔術を行うときは、なんのためにどんな目的で、なぜその魔術を行うのかを、自分自身がはっきりと理解し、認識する必要があり、無関係なものに有害な影響を及ぼす危険性を回避する配慮が必要です。

たとえば楽器を奏でるとき、美しい旋律は人々を魅了します。気分は上昇し、空間も癒されます。一方、同じ楽器でも聴くに耐えない旋律を奏でると、それを聞く人同士に不和を生じさせるケースがあります。この現象によく似ています。

前述した10世紀のアングロ・サクソン人の医学書『Lacnunga』（ラクヌンガ）は、その一部を元にして『The way of Wyrd』（ウィルドの実践）というタイトルで出版されました。約千年の時を経て『Lacnunga』がよみがえったのです。著者はブライアン・ベイツ博士で、アングロ・サクソンの魔法研究を広めた先駆者として知られています。彼はその本で数々のレメディーを紹介しています。

彼の研究が、後に、現代社会に適合する精神世界の基本となるウィルド（Wyrd）として再構築されたのです。英語のWeird（一風変わった、変な）という言葉の語源がWyrdであるように、古代では言葉には独特の、時に「一風変わった」と捉えられるパワーがあり、それ故に敬意を持って聖なるものとして扱われていました。

ベイツ博士は本の中でこのように書いています。

「運命（destiny）という言葉のアングロ・サクソンにおける古代言語の定義は、元の意味のほかに、パワー（power）とマジック（magic）、それに預言する知識（prophetic knowledge）という意味を含んでいました。現代においても〝Wyrd〟という言葉は、説明できない（unexplainable）言葉として理解されていますが、この説明できない、という概念こそが聖なる言葉である証拠であり、そこに未知なる可能性、つまりすべての生命のなかに眠るパワーが存在していることにほかなりません」

魔術の実践……1

古代から受け継がれた「豊穣と祝福を願う魔術」

読者の皆さんの人生を豊かにするツールのひとつとして、古代から受け継がれてきた「豊穣と祝福を願う魔術」を紹介しましょう！

⦿用意するもの（魔術を行う前日の日沈時に揃えてください）

ミルククリーム　適量
はちみつ　適量
フェンネル（ういきょう）の種　適量
シナモン　適量
フランキンセンス　3滴
以上を混ぜ合わせます。

⊙手順

①混ぜ合わせた材料に向かって、次のフレーズを9回唱えます。

母なる大地、大地に息づくすべての生命
あなたは私たちの愛するすべて
あなたがしっかりと力強く成長しますように
実り多き日々がやってきますように
真実の豊かさをどうか届けてください
祈りの言葉と心の祈りであなたを敬います
来るべきすべての豊穣に感謝を捧げます
この行いをあなたと共に、太陽と共に祝福します

Earth Mother, Mother of all
Who all the world does adore
Let me proper, thrive and grow
Bless my work, let it flow
Bring to me the truest riches
I'll honour you with words and wishes
I thank you now for all that shall come
I'll bless my work, with you, with Sun

②翌日の日の出のタイミングに。

前夜に用意した混ぜ合わせた材料――右記のフレーズを9回唱えたもの――を、あなたが豊かにしたいと願う事柄を象徴するものや、それに使う道具などに塗りこみます。たとえばビジネスの成功を願うときは、パソコンや電話、いつも使っているペンや机などに塗りましょう。

もし、家族の健康を願うとしたら、キッチンの什器や、寝室のベッドに、また、自己実現を望むときは、ふだん大切にしているものなどに塗るとよいでしょう。幸せを呼び込みたいときは玄関や庭にまくのがお勧めです。

フェンネルの種はサラサラとした手触りで、こうしたワークにとても適しています。九つの薬草の呪文によれば、フェンネルの種はネガティブなエネルギーを浄化するもっともパワフルなハーブ（薬草）であると述べられています。

2章

★★★★★★★★★

古代ブリテンの叡智を今に伝える魔術師マーリン

コーンウォールの洞窟で

広大な冷え切った大地に、荒涼と聳え立つ断崖――。絶え間なく吹き付ける風雨と、荒波にさらされる岩には、その長い歴史を彷彿させる険しい表情が形成されています。その視界の先には伝説の場所、コーンウォールと、その背後に広がる大西洋を見渡すことができます。気むずかしく、脅威とさえ感じる険しい顔が刻まれた天然の彫刻、その崖下に洞窟がありま す。巡礼者たちが、長年、伝説を求めて訪れてきた場所です。

洞窟の中の暗闇は、ほかに類をみない空気で満たされていて、そのエネルギーからこの場所が神秘に包まれた魔術を行う場所であることが推測できます。実際にこの場所は、偉大なる伝説の魔術師、マーリンが暮らし、魔術を行っていた洞窟だと言われています。

マーリンの洞窟は、荒涼とした広大な岬に広がるティンタジェル城の城址の下にあり、ここは古代ブリテンの伝説の人物、アーサー王が誕生した場所としても知られています。

そして、4世紀に古代ブリテンがサクソン人の侵略攻撃を受けたとき、国を守るために、このもっとも有名な魔術師マーリンが魔術をもって戦った場所でもあります。

ティンタジェルの断崖に浮かび上がる魔術師マーリンの横顔

魔術師マーリンに関する伝説はじつにたくさんあります。

彼は実在の人物なのでしょうか？　ドルイドとして王族の片腕となり、実際に国を守った〝賢者〟なのでしょうか？　それとも、人々が現実にいたらよかったのにと願うエネルギーによって創造された空想上の人物なのでしょうか？

マーリンのことを深く理解しようとすればするほど、捉えどころのない姿が浮かび上がってきます。

伝説に登場するマーリンは、ドラゴンであったという説もあるし、妖精と人間のあいだに誕生した存在であるとも言われてきました。

私は、マーリンは今も、このティンタジ

エル城の下にある洞窟に存在すると感じています。

一説によれば、グラストンベリーのトール山の下にアーサー王とともに眠っているとも言われているし、フランスでは、ブルターニュにあるブロセリアンドの森の、ひと際大きく曲がりくねった一本の木に封じ込められたままだともいわれています。

さらにウェールズではスノードニア国立公園内にあるスノードン山の地中に、赤色ドラゴンと白色ドラゴンとともに眠っているとも伝えられています。

仮にマーリンが〝実在の人物〟だとしたら、彼はいったいどこで生まれ、どこで育ち、どんな人生を送り、どこで生涯を終えたのでしょうか？　彼とともに存在したアーサー王は実在の人物として描かれていますが、マーリンについてはどうなのでしょうか？

マーリンに関する様々な伝説や神話、ストーリーが存在するなかで、ただひとつ、たしかなことがあります。彼の存在そのものが、私たち人間とはかけ離れた存在でありながら、賢者——生まれながらにしてその資質を備えたシャーマンとしてのアーキタイプ（元型）をそこに垣間見ることができることです。

国を守るために王の補佐役として存在した魔術師であることは間違いないでしょう。

魔術師マーリンと“湖の精”ニミュエ

古代ブリテンの破壊と創造

古代ブリテン（現イギリス）は西暦380年から408年にかけて、北から侵入したサクソン人の増加と、西ゴート族勢力との戦いに敗れたことによって征服され、それまでのローマ帝国は古代ブリテンから離れることになります。

およそ350年間ブリテンを従属国として支配したローマ帝国は、その間、先住民族やその言語、文化、王、ドルイドなど、すべてを組織的に破壊しつづけました。指導者を失い、アイデンティティも喪失し、バラバラに傷つけられたブリテンは苦悩します。

ローマの神々の存在が人々に刷りこまれ、戦士たちは武勇を誇示し、ブリテン国民に重くのしかかります。その一方で、かつて英雄としてたたえられたブリテンの女性戦士たちの地位は貶められます。古くから伝わる教えや信念、農業様式や文化、法律、家族の在り方など、すべてが脅威にさらされました。

その代わりに世の中に侵透したのがキリスト信仰です。それまでブリテンで〝賢者〟と呼ばれた法の番人や、外交官、大使、戦いの指揮官などのドルイド僧の存在も急速に存在価値を失っていきました。

この時代に、ブリテンの部族構造はローマの侵略者たちによって破壊されたのです。そしてキリスト教がその地位に取って代わり、古代ケルトの生き方を飲み込んでいったのです。

また、ブリテンの北方からも、この地を目指して移り住もうとする人々がいました。農業をはじめて、この地に定着させようと試みます。でも、ローマの文化が入りこんだこの土地に馴染むことができず、さらにバイキングやサクソン人の侵略による重圧に耐えることができず、北方から移り住んだ部族が繁栄することはありませんでした。

さらに、現在の北ドイツと呼ばれる地域からサクソン人が、大挙してやってきます。同時に20万人ともいわれる戦士たちも到着しました。そして、農地に適した場所を見つけると、そこに居座って開拓をはじめます。

そのため、元々住んでいた多くの先住民たちが殺されました。同時に、ローマの統治下ですでに崩壊寸前だったブリテンの古代から継承された教えに代わり、新たな精神世界の基本が創出されはじめます。

四分五裂した種族をひとつにまとめ、侵略者たちを撤退させる力強い指導者が求められていました。そこに、古代ブリテンを復興させるために1本の剣(つるぎ)を掲げて立ち向かう偉大なる王、アーサーが現れたのです。この王こそが、古代ブリテンが混沌とした状況のときに〝創造された〟王であり、この〝創造〟を立案し、実行したのが、魔術師でありドルイドのマーリンだったのです。

マーリンが歴史にその名を刻んだとき

アーサー王を世の中に認知させたのは、1136年に出版された『ブリタニア列王史』(The History of the Kings of Britain (Historia Regum Britanniae)) です。

この本の中で、牧師だった著者、ジェフリー・オブ・モンマスという若いウェールズ人は、この著作について、所蔵する〝Tongue of the Britons〟という写本を翻訳したもので、そこに独自の調査研究を加筆したと主張しています。

ジェフリー・オブ・モンマスは、この歴史的な発見が賞賛され、後に教会の聖職者になりました。さらにこの本で紹介されたマビノギオン(ウェールズの神話やアーサー王伝説を収録した本)や、ドルイドに関する口頭伝承された説話は、1700年代にその真偽に疑問が投げかけられるまでは、真実として受け入れられていました。

彼がこの本に書いた内容の根拠がどこにあるにせよ、ジェフリーはこの著作を通じて社会にさまざまな意味で大きな影響を与えました。この書物でMyrddin(ミルディン)(ウェールズ語でミルディンと発音）という人物に関する神話を紹介していて、これが後にマーリンとして世に知られることになるのです。

また、ジェフリー・オブ・モンマスは『The prophecies of Merlin』（マーリンの預言）というタイトルのマーリンの預言集も出版していて、ジェフリーはこれらの預言についても、古代の写本から収集したと記述しています。

『ブリタニア列王史』が描いたマーリン（ミルディン）の姿は実に生々しいものでした。ウェールズの偉大な物語を描写する中で、ミルディンは森を司る賢者で、植物や木々と会話をすることができる存在です。また、動物や鳥たちの動きを読み取ることもできるのです。古代の神々の意志とともに人間として生きる、シャーマニックなドルイド僧として描かれています。

またジェフリーは、マーリンが歴史のさまざまな場面で魔法を使ってきたことを示唆し、さらにマーリンがアーサー王の歴史にも関わったことを示す文書の発見についても記述しています。

そして、このマーリンの物語は、それ以降、長年にわたりさまざまなストーリーが世の中に広まり、現在では、マーリンが頭脳明晰で、目に見えないものを視る能力を使って、王に預言を施し、歴史に変化をうながすパワーを秘めた存在として知られるようになりました。

ただ、作者であるジェフリー・オブ・モンマスは敬虔な牧師でした。残念なことに、マーリンが古代ウェールズの〝賢者〟であることや、妖精と人間の両方の存在だということを想像する能力に長けていなかったようです。彼は著作の中で、魔術師は、悪魔とキリスト教信者の女性のあいだに生まれた存在だと書いています。

スノードン山に隠された秘密を知る青年

この本の中で、ウェールズのヴォーティガン王に言及する場面があります。

ヴォーティガン王は、統治する領地から遠く離れた古代ブリテン・グウィネズ州のスノードン山の頂上に城を建てようとしていました。サクソン人の攻撃から自国を守るための要塞でした。

ところが、城の城壁が一定の高さまで達すると、そのたびに大きな地震が発生して山を揺らし、積み上げた城壁が崩壊する惨事が続きます。多くの作業員が岩の下敷きになって命を落とし、傷ついた作業員は数知れません。

ヴォーティガン王は意気消沈し、賢者に助言を求めます。すると賢者は、答えて曰く。スノードン山に城を完成させるには、築城に見合う奉納（犠牲）が必要だといいます。それは人間ではない父と、人間である母から生まれた若い青年でなくてはならないと王に伝えます。そしてこの青年の若き血潮を山に献納すれば、山の崩落を止めることができるだろう、と言いました。

女神官ヴィヴィエンとマーリン

ヴォーティガン王の部下たちは必死になって〝青年〟を探します。そしてついに、森の中で野生児を見つけ、王の元に連れて行きました。背が高くがっちりとした頑丈な体つき、木の枝を編みこんだような長い髪に、オークの葉で編みこんだアゴヒゲ、大きく見開かれた目——。この青年こそが、ミルディン・ウィルト（マーリン）だったのです。

マーリンは、王が城を建てようとしていたスノードン山の秘密を知っていました。ヴォーティガン王に自分が見た山のビジョンを伝えます。

山の地下奥深くに、大きな貯水池のような湖があり、そこに2匹のドラゴンが住んでいて、日々、戦いを繰りひろげています。1匹は白いドラゴン、もう1匹は赤いドラゴンです。2匹が戦いを続けるかぎり、山に平和が訪れることはありません。ですから、ヴォーティガン王だけでなく、どこの国の王も、この山に城を建てることはできないのです。そして王の戦士たちも侵略者たちの攻撃から身を守ることはできません。

若きマーリンからこう告げられたヴォーティガン王は、賢者に向かって青年の見たビジョンを解説するよう命じます。ところが、だれ一人としてそれを説明することができません。

そこで、青年は言葉を続けます。

「山の地下にある湖は、かつて偉大なるブリテンの象徴となった場所であり、2匹のドラゴンはふたつの王国を意味します。赤いドラゴンは、ヴォーティガン王が率いる西の部族を象徴し、白いドラゴンはすでにブリテンの東側を侵略したサクソン人の部族を象徴します」

青年はヴォーティガン王にこう話すと、大切なことをふたつ付け加えました。それは、このスノードン山には、ヴォーティガン王が城を建てる場所がどこにもないこと、そしてサクソン人の王がやってきたとしても、彼らはいずれ侵略した土地から永久に追われることになるということでした。

これを聞いたヴォーティガン王は、青年の言葉の中に真実を感じとり、王自身の命を危険にさらすことなく、この築城計画を中止しました。そしてこの青年を側近として迎えます。青年はミルディン・ウィルトと呼ばれました。

今はスノードン山と名づけられたこの山も、古くは彼の名前がつけられていたのです。

古代ウェールズ王のレイライン上に残るもう一つの説話

話題は逸れますが、ジェフリー・オブ・モンマスが描いたマーリンとヴォーティガン王の逸話について、もう少し続けたいと思います。じつは同じ話がスノードン山とはまったく別の場所にも伝わっています。

現代の英国南部に2本の強力なレイラインがほぼ並行して一直線に走っています。いずれのレイラインも1920年代からダウジングされ、マッピングされてきました。

そして、このレイライン上には、多くの遺跡や聖なるスポットが点在し、そのいくつかはアーサー王に関する史跡であることが知られています。

それぞれのレイラインのエネルギーは、1本が赤、すなわち男性性であり、もう一方が白、すなわち女性性であると言われています。

この赤と白のレイライン上に流れる2本のエネルギーを、古代ウェールズ王のレイライン（聖ミカエルのレイライン）と言います。このレイライン上のほぼ中央に位置するのがグラストンベリーのトール山です。

実際に、トール山の地下深くには赤と白の天然の泉があり、この2つの泉はそれぞれ異なる源泉から流れてきて最終的に混ざり合っていて、成分も様々なミネラルが含まれています。この泉が、前節でお話したマーリンがビジョンで見たという2匹のドラゴンの説話とオーバーラップすると思いませんか？

しかもグラストンベリーのトール山では、その昔、大きな地震があったことが知られています。さらに、かつてヴォーティガン王がサクソン人に対抗するための防御壁を建造しようとしたのはトール山だと主張する人もいるからです。

グラストンベリーもアーサー王伝説とのつながりがとても深い地域です。トール山がある場所は、かつてアヴァロン島であった場所だと多くの人が主張しています。

また、グラストンベリー大修道院の墓地で、1200年代に男性と女性が埋葬されたお墓が発見されました。墓碑には、〝ここにアーサー王とグイネヴィア王妃眠りたり〟というフレーズが刻まれています。

ダイアン・フォーチュンやゴールデン・ドーン（The Hermetic Order of the Golden Dawn／黄金の夜明け団）のメンバーなど多くの人々は、有名なオカルト神話やミステリー神話によると、アーサー王とイエス・キリストの聖杯が巨大なトール山の地下深くに眠っていると伝えています。

魔術師マーリンとキング・アーサーの誕生

さて、話を戻しましょう。ジェフリー・オブ・モンマスが書いた『ブリタニア列王史』の中でもっとも有名な物語といえば、将来のブリテンの王位に就く「アーサー王」をマーリンが創造した、というストーリーです。

マーリンはドルイドと賢者、ワイズ・ウーマンの3人から、将来、古代ブリテンの王になる人物について相談をもち掛けられます。王には正しい人物を選ばねばならないことを、3人は互いに確認し、同意しました。正しい人物とは、つまり古くから伝わる教えを血で受け継ぐ人物でなければならないということでした。

そこでマーリンは、コーンウォール公であるゴルロイス（ティンタジェル城を建てた人物）の妻イグレインと、ブリタニアの王ユーサー・ペンドラゴン、そして東のエリアの指導者たちを集めて会合を開きました。

イグレインはとても人柄のよい女性で、ゴルロイスとのあいだに娘を授かっていました。この娘は名をモルガンといい、後に〝伝説のモルガン・ル・フェイ〟と呼ばれる人物になります。（68ページ参照）

この会合に出席したイグレインとペンドラゴンは、最初は魔法によってお互いに惹かれあいますが、その後、深い繋がりに発展し、生涯愛し合う関係になります。

マーリンが助言者として仕えていたブリテンの指導者、アンブロシウスの死後、各地域の首領たちが集い、次の指導者にユーサー・ペンドラゴンを選びました。

これを聞いたゴルロイスは、自分がその地位につけなかったことにひどく憤慨します。さらに、妻のイグレインがユーサーと深い愛で結ばれたことを知り、ブリテンからコーンウォールへ戻ってしまいました。

生後間もないアーサーとマーリン

その結果ゴルロイスは、新しい王であるユーサー・ペンドラゴンと対峙せざるをえない立場に置かれます。そのときイグレインは、ゴルロイスがユーサー・ペンドラゴンに反旗をひるがえすビジョンを見たため、ペンドラゴンに警告を伝えます。こうして両者の戦いがはじまり、最後はペンドラゴンがゴルロイスの命を奪うことで幕を閉じました。

ペンドラゴンは戦いを終えると、ティンタジェル城に幽閉されていたイグレインを迎えるために、そして、新しい妻を公表するためにコーンウォールへと出向きます。

そのとき、ゴルロイスの兵士たちに邪魔をされないように、マーリンは地域全体を大きな霧で包む魔法をかけました。そしてペンドラゴンの姿を、魔法を使ってゴルロイスに変えます。こうしてペンドラゴンはイグレインと合流。ブリテンに無事、〝帰還した公爵〟としてその名を残しました。

9カ月後の冬至（ユール）の日、ティンタジェル城でイグレインは男の子を出産します。勇気と忍耐力が身につくようにと、子はアーサーと名づけられました。アーサーは愛らしい子で、古代ブリテンの血を受け継いだ魔術師の子でもありました。

こうしてマーリンは、アーサーを幼いころから近くで見守り、世話をし、自分が持つ知識のすべてを伝授し、やがて王国を司る日のために備えたのです。

マーリンの〝宝物〟が現代に伝えること

文学的な作品に目を向けると、1200年代以降、マーリンは散文詩などに頻繁に登場するようになり、その後はアーサー王史関連の一連の書物にその名が次々と登場します。『荷馬車の騎士ランスロット』の著者クレティアン・ド・トロワにはじまり、『国王牧歌』の著者アルフレッド・テニスンにいたるまで、数多くの書き手がさまざまなマーリンの姿を描き、古代ブリテンの魔術師スピリットが広く社会に浸透したのです。

書物に描かれるマーリンは、どれもドルイド僧を教育するドルイドリーと呼ばれる組織の教えに基づいてそのルーツが描かれています。しかし、実際のマーリンの真実がどこにあるかといえば、ローマ人によって浸食されることなく、古代から受け継いだ伝承文化が手つかずのまま残った、古代ブリテンの西側の地域に埋もれています。

この地域は、かつてサクソン人たちが唯一伝統的な教えを理解して広め、その叡智を言葉として残したので、古代から伝わる教えや先住民の知識、生活の様子などを知る宝庫となっています。

その一つがコーンウォールにあるマーリンの洞窟です。洞窟の中には、当時、彼が持っていたと言われるたくさんの〝宝物〟が存在しています。

ジェフリー・オブ・モンマスはマーリンに関する書物の中で、この〝宝物〟について不思議な物語を書き綴っています。

マーリンがブリテンの次なる王に正しい人物を任命する任務を与えられたとき、その魔力を盗まれることがないように、彼の大切な〝宝物〟である聖杯や魔法の杖、水晶占いの道具、コイン、クリスタルをコルドロン（魔術用の大釜）に入れて、人里はなれた山奥の洞窟の中に隠しました。

マーリンは大きな岩を転がし、空中を移動させて、洞窟の入り口をふさぎます。さらに魔術を使い、そこに花や木々、草を茂らせ、洞窟の入り口を念入りに覆ったのです。

マーリンは、彼だけが理解できる秘密の言語を使い、植物や木々、自然界の万物を自在に操ったのです。

こうして隠された〝宝物〟は今もどこかに存在すると言われています。そして、マーリンの意志と生き方、能力を継承する人物が現れるとき、町の鐘は鳴り響き、洞窟の入り口が開け放たれるのです。このときマーリンの後継者の証として〝宝物〟が与えられると言い伝えられています。

ジェフリーは、マーリンの〝宝物〟をおそらく比喩的な表現として用いたに違いありません。古代ブリテンの血や古語、人々のルーツ、そして受け継がれるべき文化や生き方、これらが手付かずの状態で豊富に残されたブリテンの西側の象徴として描いたのでしょう。

偉大なる魔術師マーリンは、そのスピリットとともに、今も洞窟の中から私たちに鐘を鳴らし、気づきを与え、彼の持つ叡智をシェアし、私たちの血の一部である古代の叡智とつながることができるようサポートしてくれています。

ドルイドとはいったいどんな存在だったのだろう

かつてマーリンという名前は、それぞれの地域のもっとも身分の高いドルイドに名づけられる名前でした。したがって、昔からマーリンという名前は各地に存在しました。マーリンの名をもつ人はどの人も〝賢者〟であり、イギリスやフランスの北西部、スペイン北部のほか、いわゆるケルトとして知られる地域全域に助言者として存在しました。

現代において魔術師マーリンと呼ぶ存在がドルイド僧であったことは間違いないでしょう。そして、当時のドルイド僧の指導者でもあったのでしょう。それも大きな影響力をもった最初のドルイド指導者がマーリンだったのではないかと思います。その後に続く時代で僧侶やヒーラー、国に仕える指導者たちがマーリンという名前をこぞって使うようになった理由です。

賢者であるドルイドは星や木々、動物、石などとコミュニケーションをとり、これら自然の万物を守る役割も果たす、聖なる存在として捉えられていました。

歴史家のロナルド・フットンをはじめとする現代のドルイド僧たちの認識では、かつてのドルイドたちは3つのグループに分かれていて、それは「バード」、「オベイト」、「ドルイド」[*1]と呼ばれる存在であると言われています。

現在、イギリスに存在するドルイド僧の組織、ドルイドリー（OBOD：The Order of Bards, Ovates and Druids）には、世界のさまざまな国から3万5000人を超えるメンバーが登録し、その数は年々増えています。そして、2010年10月にドルイドリーは、イギリスで宗教として公式に認められました。

イギリスにおける伝統的なドルイドの教え（叡智）は、古代から継承されているものですが、現代にも通じるとても現実的な内容を伴っています。活字によるコミュニケーション手段を持たない時代において、人々は部族間に存在するドルイド僧のような賢者（男性・女性両方）を頼りに、儀式を営み、文化や伝統を口頭伝承してきました。賢者たちが、その土地が築き上げた歴史・文化や、語り継がれた出来事を記憶し、人々に広め後世に伝えたのです。

彼らは、現実世界と見えない世界両方に存在することができるシャーマンであり、物事の本質を理解して生きてゆく方法、つまり人々が自然とひとつになって生きていく術を伝授してきたのです。

アーサー王妃グイネヴィアとマーリンの奇妙な描写

ドルイド僧にとってこの惑星におけるすべて――まさに文字通りすべて――が意識の中心に存在していて、私たち人間も自然界の意識につながるための術を生まれながらにして持ち、このだれもが持つ能力を、自然界の万物や自らの直感と言葉を通して表現すること、それがドルイドの信念であり、豊かに生きてゆくための教えの本質です。

（＊1訳注）「バード」とは、伝統の継承者や詩人、音楽家、歴史家など主に芸術に秀でた人物のこと。「オベイト」とは、預言者や占い師、哲学者、ナチュラリストなど。「ドルイド」とは、儀式を行う者やカウンセラー、現実世界と異次元を自由に行き来するシャーマンなどを指す。

もし、マーリンがあなたの目の前に現れたら

いくつかの文献をたどると、マーリンは自然のエレメンツを操り、ハヤブサや鷹を含めさまざまな動物に姿かたちを変えることができる存在として知られていたことがわかります。実際、古代ブリテンでは、マーリンという名前は、鷹匠とともに活動するハヤブサの名前にも使われています。

ハヤブサはその驚くべき高い能力を買われ、人間と共存し、狩りを手助けすることで有名です。ドルイドもまた、聖なる動物とみなされる多くの動物たちとともに生きてきました。なかでも洞察力のある鳥は、とくに尊ぶべき存在として扱われています。

マーリンがトーテム[＊2]として、ハヤブサの姿であなたの前に現れたときは、あなたの魂の深く、静かに眠る悟りに目覚めよというメッセージがこめられています。

ハヤブサは日中活動する鳥で、太陽とともに狩りをし、自分自身の内に潜む光り輝くエネルギーを見極めることができるといわれています。ですから、わたしたちも自分自身のことを高い場所から全体を俯瞰（ふかん）するようによく観察し、理解し、問題点がないかどうか、現状を見直してみなさい、というメッセージでもあるのです。

魔術師マーリンはどんな状況のなかでも全体像を把握し、正確に見極める能力に長けていました。今、どんな状況にいるのか、どんな環境に置かれているのかを見間違うことなく理解し、賢明な決断を下すことができたのです。

現在のティンタジェルに立つマーリンの像

（＊2訳注）部族や氏族などと特別な関係にある動植物や、自然界に存在する鉱物などをトーテムと呼ぶ。また、それをシンボルとして造形化した記号を指すこともある。

COLUMN

モルガン・ル・フェイは質（たち）の悪い魔女!?

現代におけるアーサー王時代の研究者や学者たちの多くは、アーサーの異父姉、モルガン・ル・フェイを〝悪者〟として描きます。それは、アーサー王時代の神話が注目されるきっかけを作った『アーサー王の死』（Le Morte d'Arthur）の著者トーマス・マロリー（1399〜1471年）がモルガンをそう描いたことにはじまります。

しかし、その一方で、モルガンが魔女として描かれる物語では、〝賢者〟であり、〝湖の女〟です。また、トリプルゴッデス（三位一体の女神）の一人として活躍するストーリーが描かれる書物も数多く存在します。

さまざまな物語のなかのひとつに、彼女が古代ケルトの祭り、ベルテーンのグレート・ライト（Great Rite）という儀式で、子どもを身ごもる説話があります。男女が神と女神の象徴となり性交を行うことによってその喜びと子孫繁栄を願うウィッカの儀式です。モルガンと異父弟のアーサーがこのグレイト・ライトという儀式を世の中に広め伝え、復活させて、子孫繁栄を促しました。

その祭りで行われるカップルたちの行動をきわめて不快なものとして描く書物が数多くあります。神話に登場するキリスト教の伝道師たちは、モルガンを本来の女神としての存在よりも、男を誘惑する質(たち)の悪い魔女に仕立てることに躍起でした。

ジェフリー・オブ・モンマスも、その著書で、彼女を黒魔術師や、カラスにシェイプシフター(変化)する魔女として描いていています。

アーサー王の異父姉、モルガン・ル・フェイ

ちなみにモルガン・ル・フェイは、異父弟であるアーサー王が死に至るきっかけとなったカムランの戦いで、深い傷を負った彼を救いだしアヴァロン、あるいはアーサーの墓碑があるグラストンベリーへ連れ戻った女性としても知られています。

魔術の実践……2

マーリンを召喚してみよう！

マーリンは、自分の助言を求める人を感知し、自らその人物を訪問する能力があります。とくに自然界と密接につながり、サイキック能力に目覚めている人に対して、その能力を発揮するようです。

もしあなたが自分自身の直感をより強く、鋭くして、第六感の能力を開花させたいと願うなら、マーリンを召喚してみましょう！　マーリンはあなたのエネルギーに波動を合わせ、あなたの持つ能力の調整をしてくれます。

彼から与えられたメッセージの内容が、唐突に感じることもあるでしょう。また、今のあなたには信じられないような衝撃的な内容であるかもしれません。そんなときは、もっとシンプルに、はっきりとわかりやすいメッセージを与えてくれるように、忍耐強くお願いしましょう。

マーリンを召喚し、彼のエネルギーとつながると、その後、植物や動物の領域との会話能力が上達します。そのような不思議な体験をする心の準備ができたと感じたら、マーリンを召喚してみましょう。
マーリンを召喚するには、次のフレーズを3回唱えます。

古代魔術の教えを受け継いでいる偉大なるマーリン、
このメッセージとともにあなたを召喚します。
すべてのブロックが取り除かれ、私の内に眠るサイキックパワーが目覚め、
五感とあらゆるパワーが解放されますように。
私を取り巻くすべてのサイン（気づき）に目を向けられるようになりますように。
すべての物事がつねに最高のものであることを確信し、
勇気と慈悲深さで自らの執着を取り払い、明晰な判断ができますように。
視る、聞く、感じる能力が敏感に働きはじめることは安全であると信じ、
夢の中や自然の中で、エーテル体を通じてメッセージがもたらされますように。
受けとったメッセージが真実であると、確固たる自信をもてますように。
そして、それらのメッセージに固執しすぎることなく、
すべて起こるべくして起きる現象は、聖なるマーリンからのメッセージで、

安全で、最高の選択であることを心に刻みます。

Honoured Merlin, great sage and Wizard of the Old Ways,
Dissolve all blocks which allow me to see, hear, smell, taste and otherwise,
in all ways experience my psychic powers.
Allow me to see the signs which are all around me,
And to read them with clarity, courage, detachment, compassion and
For the highest good of all concerned.
Allow me to know that it is now safe to be fully functioning clairvoyantly,
clairsentiently, clairaudiently and through my dreams and
every aspect of the natural world and the etheric planes.
Allow me to trust the messages when they come,
And pass them on without becoming involved in the message itself,
And to know that this process is sacred,
Safe and for the highest good of all concerned.

3章

★★★★★★★★★

〝悪魔〟に翻弄された独ヴェルツブルクの魔女たちの物語

「悪魔が街に解き放たれた！」

その昔、ドイツのヴェルツブルクという町にひとりの美しい女性が住んでいました。風になびく亜麻色の長い髪に、空のように透きとおる青い目。その姿はどんな美しい女性ともくらべようのない、独特の美しさでした。

そのうえ彼女は、だれに対しても親しみをこめて明るい笑顔を向けるのです。19歳の彼女は肉体的にも健康で、大きな怪我も病気もしたことがなく、その輝くような存在がむしろ不自然なほどで、周囲には非の打ちどころのない女性として見られていました。

彼女は、ビール工場で働いていました。ビールの材料となるハーブを摘んで運び入れ、そのあと、大きな釜でハーブを煮詰める温度の管理をするところまでが彼女の仕事でした。

ある日のこと、彼女はいつもどおりだれもいない草原でハーブを摘み、工場まで戻る道すがら、町の様子にいつもと違う雰囲気を感じます。道路わきには寄り添うように人が集まり、警戒する視線を自分に向けていることに気づきました。

変だな、と思いつつもハーブを抱えて工場に戻ると、今度はいつも働いている人たちの姿が見えません。

その日の夜、彼女は友だちから恐ろしい話を聞きます。ヴェルツブルクの町に得体のしれぬ大男がやってきて、この町に悪魔が解き放たれたと言ったと教えてくれたのです。

友人は彼女に、怯えた声で囁きました。

「町の人たちは、焼かれてしまうのよ」

彼女はその晩、恐怖で一睡もできずに朝を迎えました。仕事中は、悪魔のことをできるだけ考えまいと努めました。でも、夜になって布団に入ると思い出してしまいます。

眠れぬ夜が続きます。案の定、彼女は仕事で失敗をしでかします。友人から聞いた恐ろしい話で頭がいっぱいです。「焼かれてしまう……」。いつかそれが現実になるかもしれないと思うと、どんなに打ち消しても、震えが止まらないのです。

ついに恐怖の日がやってきました。

9歳の女の子が告発されて裁きを受け、魔女として火あぶりにされてしまいます。ふたり目はもっと幼い女の子が、同じ目に遭いました。つづいて若い男の子が、さらに3人の若い女性ダンサーが、観光旅行者の一行が、肉屋の主人とその妻と息子が、宿屋のご主人が4人、あげくに14人の牧師と教会の聖歌隊員が2人、薬剤師とその家族が……。

こうして、町の人が次から次へと焼かれていったのです。これが、ドイツ・ヴェルツブルクの町で起きた魔女狩りのはじまりでした。

煙で真っ黒に染まったヴュルツブルクの空

なにかが起きている――。彼女は確信しました。でも、そんなことは口に出して言えません。堅く口を閉ざし、仕事に没頭しようと努めました。町には、大男に任命された魔女狩りたちがうろついています。彼らと目を合わせないように、下を向いて歩きました。

彼女は毎晩、夢うつつのなかで、泣き叫ぶ子どもたちの声を聞きました。そして、ある晩、夜も更けたころ、彼女はだれかが家のドアをノックする音を聞くことになるのです。

やってきた人間は、彼女が作ったビールが樽から漏れて、工場を汚したことを責め立てました。それはつまり、彼女に悪魔の手が伸びて、死ぬ運命が近づいたことを悟った瞬間でした。パジャマのまま連れ出された彼女は、1週間にわたり拷問を受け、ついには教会の前の広場で焼かれてしまいました。

この話は、わたしが集めた資料から得た情報を元に、一部、創作を加えて書いたものです。なぜなら、彼女に関する資料がほとんど残っていないからです。

残忍で不当な魔女狩りのイメージは数多く残されている

でも、この女性が現実に存在し、火あぶりにされたという記録が残っています。彼女の名前は、ゴベル・バベリンといいます。当時の法廷記録に名前が残されていて、「町で一番可愛かった女の子」、と添え書きがありました。

彼女以外の人々の記録には、なんと名前すら記されていません。わずかに残された情報といったら、「9人の少女」とか「24歳の可愛い女性」、「15歳の少女」といった内容だけでした。

おそらく、当時は、彼女たちの名前などはどうでもよかったのでしょう。残虐で、しかも不当な死を受け入れざるをえなかった人々のことを知ろうとしても、今のわたしたちは、彼女たちの年齢程度の情報しか入手することができないのです。

その一方で、当時のヨーロッパにおける魔女裁判について調べようとしたら、吐き気を催すような残虐な拷問や暴力、その果ての死刑の執行などの描写に触れることなく、関連文献を読み進めることはできません。

ゴベル・バベリンが住んでいたヴュルツブルクの町は、2年近くにわたり、人が焼かれる煙で空が真っ黒に染まる日々がつづきました。1日に192人もの人々が火あぶりの刑にされたこともありました。

ヴュルツブルクは、現在のドイツのほぼ中央部に位置する街です。周囲はフランス、デンマーク、スイスなどの美しい国々に囲まれた地域です。そんな街が残虐な死刑の中心地となったのです。

「こんな残虐な出来事は、もう、書き綴れない」

1629年秋頃、ヴュルツブルクにある司教区の総首領は、友人に宛ててこんな手紙を書き送っています。

「魔女たちの行動には、どこにも情状酌量の余地はないが……。

それにしても、なんという苦痛、不幸だろう。

つい先日は、法学部の学生が逮捕された。もうすぐ牧師になる40人近い生徒の内、13〜14人の生徒が魔女だという。数日前には、修道院長が逮捕された。ほかにも2人が任意同行を求められたが、どこかへ失踪してしまった。

われわれの教会会議の公証人は学歴の高い男だが、昨日、逮捕されて拷問を受けている。

もっとも裕福で人々にも敬愛されている名の知れた僧侶は、すでに処刑されてしまった。

町の中で一番の美少女で純粋だと評判だった19歳の少女も、1週間前に処刑された。彼女の後には7、8人の少女たちが処刑を待っている。

こんな悲惨な状況がつづいているなかで、さらに、300人近い3歳から4歳の少女たちが、悪魔と肉体関係をもったと言われている。7歳や10歳、12歳、14歳、15歳の生徒たちが処刑されたのも目の当たりにした。

こんな残虐な出来事を、もうこれ以上、書き綴ることはできない」

恐怖の時代の幕明け――ヨーロッパ全土を覆った飢えと疫病と戦争

いったいなぜこんな事件が始まったのでしょうか？　何千人もの女性や幼い子どもたち、そして男性がなぜ捕らえられ、しかも短期間で殺されていったのでしょうか？

その回答を探すには、このヴュルツブルクの町で大規模な魔女狩りが行われるはるか昔、300年も前の出来事まで遡らなければなりません。

14世紀の初頭のことです。

地球はミニ氷河期と呼ばれる厳しい環境に置かれました。氷河が北ヨーロッパにゆっくりと南下して、ヨーロッパ大陸の気温が下がったのです。

子どもや老人たちはもとより、疲れきった労働者たちの多くが飢えや疫病によって命を落としました。また、出産と同時に亡くなる女性も急増したのです。

異常気象は農作物に多くの被害を与え、動物たちも次々と死んでいく中、深刻な食料不足を生んで、飢餓は戦争へと発展します。

その発端はフランス王国の王位継承問題でしたが、それがイングランド王国とフランス王国の百年戦争（1337〜1453年）に発展することになります。現在のフランスとイギリスの国境を定めることになった戦争です。

当時の西ヨーロッパとブリテン諸島に暮らす人々にとって、生きることがもっとも困難で恐ろしい時代でした。

まさに預言書として知られるヨハネの黙示録（新約聖書）に記された〝終末世界〟の到来をイメージさせる時代に入ったのです。

そこに追い打ちをかけるように、ヨーロッパ大陸に感染力が強く、人の命を瞬く間に奪う伝染病が大流行します。この伝染病にかかると、体中に黒い腫瘍が浮かび上がり、全身が黒いアザだらけになって死を迎えるので、黒死病（ペスト）と呼ばれました。そこに生きる喜びはありませんでした。

この疫病は東方貿易によって東から西に持ち込まれました。西ヨーロッパに上陸したのは

１３４６年に、イタリアのシチリア島に寄港した貿易船から上陸したことがわかっています。感染源はネズミでした。細菌をもつネズミの血を吸ったノミが人間の血を吸うことで人間に感染します。ペストは感染力の強い疫病で、当時は治療法や予防法が存在せず、人々はなす術なく次々に倒れていったのです。

ペストはイタリアからフランスへ、北欧、海を渡りイギリス、アイルランドにまで広がりました。スペインとポルトガルは壊滅的なダメージを被りました。５年間で２５００万人以上の人が命を落としたといわれ、町そのものが消滅した地域も多発したのです。

魔女は悪魔の道具だ！

凄まじい寒波に農作物の被害、食料不足から発生する飢餓に、疫病による大量の死が加わりました。その上、莫大な戦費の負担や、地主による強制的な搾取は、ひどくなる一方でした。

こうして、人々がいがみ合い、憎しみをぶつけ合うのが日常になったのです。

厄災がここまで重なるのはなぜだろう？　どうして自分たちがこんなに苦しまなければならないのだろう？　ヨーロッパの人々の心を占領したのは、いわれなき不幸をもたらした犯人はだれかという意識でした。

厄災の責任がどこにあるかを追及しようとする風潮が広がります。そして原因は直ちに取り除くべきだという機運が人々のあいだに急速に高まり、これが具体的な行動へと人々を駆り立てました。人々のこうした不快な行動は、瞬く間に社会全体へと広がっていきます。

その結果、古代から受け継いだ、自然と一体となって暮らす生き方を選択する人々と、キリスト教の教えを実践する人々のあいだに築かれていた同盟関係が、根底から揺らぎはじめます。しかも、それは永遠に後戻りのできない迫害へと発展してゆくのです。

教会は、古(いにしえ)の時代から受け継いだ叡智とやらは、完全に根絶させるべきだったのだと言い、それをしなかったために、神が怒り、このような災難を招いたのだと強く主張しました。そして、かつてともに手をとりあった彼らを悪魔(Devil)と呼びはじめたのです。この悪魔が、いま、町に放たれたと……。

疫病や飢餓、戦争によってもたらされた受け入れがたい死の原因は、悪魔——イエス・キリストの前で懺悔をしない者たちによる呪いだと決めつけたのです。魔術は悪魔が使うものであり、魔女や魔術師は、悪魔の道具として存在すると……。

教会のこうした主張は、乾いた砂漠に水がしみこむように、広く人々の心のなかに着実に根を下ろしてゆきました。

教会の非難の対象となった人々といえば、伝統的な魔女や魔術師だけではありません。ハーバリスト（薬草の専門家）や、助産婦、詠み歌を作る人に薬剤師、歌手、ダンサー、語り部、そして自然や大地を愛し、自然と一体となって生きる人々です。

彼らは、キリスト教信仰に染まることなく、古くから伝わる教えに帰依する人々であり、また、古くから続く伝統的な仕事に就く人々でした。

教会は、こうした人々――かつては賢者と呼んできた人々を、悪魔や悪霊と呼び、世の中の善良な人々の心を奪い取ったと指摘するようになったのです。

魔女狩りの正当性を世に広めた一冊の本

ヨーロッパ全土がペストで覆われた時代から１００年余が過ぎた15世紀後半のことでした。ある一冊の本が出版されます。

１４８７年に、信心深いドミニコ会の修道士の聖職にあったハインリヒ・クラーメルという人物が、魔女狩り裁判の審問調査官だったとき、魔女と魔術師を取り締る法律をキリスト教の観点から変更を加えて、正式な文書として作成しました。この文書はその後のヨーロッパ全域に大きな影響を与えることになります。
古代から伝承された教えや知恵に従う人々に対する尋問や公開処刑、迫害という新しい道が開かれたのです。

MALLEVS
MALEFICARVM,
MALEFICAS ET EARVM
hæresim frameâ conterens,
EX VARIIS AVCTORIBVS COMPILATVS,
& in quatuor Tomos iustè distributus,

QVORVM DVO PRIORES VANAS DÆMONVM verſutias, præſtigioſas eorum deluſiones, ſuperſtitioſas Strigimagarum cæremonias, horrendos etiam cum illis congreſſus; exactam denique tam peſtiferæ ſectæ diſquiſitionem, & punitionem complectuntur. Tertius praxim Exorciſtarum ad Dæmonum, & Strigimagarum maleficia de Chriſti fidelibus pellenda; Quartus verò Artem Doctrinalem, Benedictionalem, & Exorciſmalem continent.

TOMVS PRIMVS.
Indices Auctorum, capitum, rerúmque non deſunt.

Editio nouiſſima, infinitis penè mendis expurgata; cuique acceſſit Fuga Dæmonum & Complementum artis exorciſticæ.

Vir ſiue mulier, in quibus Pythonicus, vel diuinationis fuerit ſpiritus, morte moriatur Leuitici cap. 10.

LVGDVNI,
Sumptibus CLAVDII BOVRGEAT, ſub ſigno Mercurij Galli.

M. DC. LXIX.
CVM PRIVILEGIO REGIS.

一冊の本が魔女は抹殺すべきものという意識を植え付けた（『魔女に与える鉄槌』）

この文書は『The Malleus Maleficarum』(魔女に与える鉄槌)というタイトルで出版されました。原題はラテン語で、直訳すると「魔女の鉄槌」という意味です。

タイトルが示すとおり、魔女を取り締まる法規書として作られました。その目論見どおり、魔女は悪魔によって創造された存在であり、したがって、見つけ出して抹殺すべき存在だという意識を民衆に植えつけことに成功しました。

この本が受け入れられることによって、ヨーロッパ全域で法律そのものを変えることに繋がります。古くから伝わる教えは異端であり、それを実践する魔女と魔術師を、法のもとに死をもって罰することが可能になったのです。

もちろん、こうした動きに異議を唱えたり、反対したりする人間はいました。しかし、そんな行為が、自分自身の死を招くことになるのは明らかです。発言をするどころか、だれもが皆、死を恐れ、怯えて、かたくなに口を閉ざすことになります。

「魔女の多くは女性である」

『魔女に与える鉄槌』と題された本は、3つの要素から成り立っています。

一つ目は、教会の主張の根拠を明らかにする内容です。魔女と、カトリック信仰を受け入れない人々を強く嫌悪する内容がとても感情的に述べられています。そして、魔女は悪霊と切り離せない存在であると指摘し、挙句は、魔女が悪魔との性交を楽しんでいるとさえ書き記しています。

二つ目は、忌まわしき存在としての魔女を特定するための方法がまとめられています。魔女は通常どんな傾向の人物か、あるいは、魔女がどんな仲間をもつか、そして魔女が行う儀式などを一覧にまとめた目録です。

三つ目は、魔女の取り調べから処刑を実施するまでの詳細について、段階を追って記述したものです。起訴にはじまり、尋問、拷問、有罪宣告などについて項目別にまとめられています。

この法律の対象となるのは、魔女だけではありません。魔女に豊穣の呪文を依頼したり、病気を治す薬の調合を頼んだり、あるいは家畜が無事育つように祈りを捧げる儀式を依頼する人々も、魔女を通じて悪魔と関わりをもったとみなされ、罪に問われました。

こうして、神がこの世に寒さや飢えと伝染病をもたらしたのは、悪魔と同一の魔女が原因だということを、社会に向けて明確に発信したのです。

そして、世の中の不和や災害、不幸な出来事をなくす唯一の解決策は、魔女と、魔女に加担する共犯者たちを探し出し、すべてを抹殺することだと結論づけました。

この本の中で著者ハインリヒ・クラーメルは、魔術を行う者に関して新たな視点を一つ付け加えました。本のなかで魔女のことをMaleficarum（魔女）、と表現しています。つまり魔女の存在の多くが「女性」であることを初めて世の中に向けて明らかにしたのです。

イギリスをはじめハンガリーやデンマーク、また、後の北米において、死刑やそれに準じる刑罰を宣告された魔女の大多数は女性でした。

ただ、その一方で、大多数が男性であったという国もいくつかあります。その一つがアイスランドで、処刑された魔女は全員男性でした。その半数以上はエストニア人で、残りの多くはフィンランド人でした。

では、死刑判決を下す裁判官や判事、死刑執行人などはどうだったのでしょう。全員が男性であったのは、疑いの余地がないことでした。

魔女狩り人、マシュー・ホプキンスの奇妙な告白

マシュー・ホプキンスはイギリスの歴史上、もっとも悪名高い残忍な〝魔女狩り人〟です。

彼は、政府の官人として、また裁判官として、教会の権威や権力もフルに活用し、一人でも多くの魔女を抹殺するためにあらゆる手段を尽くしました。彼が任務についていた3年間に死

刑を課した魔女の数は、ほかのだれのときよりも多く、その手法は強権的でした。サディストであることは疑いようがありません。

ホプキンスが思いのままに権力をふるった時期は、１６４４年から４７年頃までのことです。彼は『The Discovery of Witches』（魔女の発見）（１６４７年）という小冊子の中で自分自身の功績を自ら綴っています。ただ、その中には、ホプキンス自身も魔術の実践者であり、魔女は仲間であったと告白する奇妙な内容も盛り込まれています。

当時の魔女狩りで、もっとも残虐なかたちで終結したのは、エリザベス・クラークの裁判でした。裁判でホプキンスは、エリザベスが魔女である証拠として彼女がいっしょに暮らす動物を、共犯者として出廷させます。そしてこれらの動物が悪魔から邪悪なパワーを吸収してエリザベスに与えた、とホプキンスは主張したのです。

魔術の世界において動物は魔女や魔術師の協力者か、魔術を行う仲間と見なされます。それぞれの動物が持つ〝聖なる叡智〟を魔女や魔術師に授けると言われています。

たとえば、犬であれば鋭い嗅覚を頼りに追跡する能力を、猫であれば気高いプライドと品性を、馬はスピードを、鳥は広い視野を、といった具合です。ただ、ここで示した動物との関係性は、トランス状態のワークとして実際に行われるものと、安直なたとえ話にすぎない、まったく非現実的なものが混在しています。

その裁判の結果、エリザベスの処刑には、これらの共犯者が追加されたのです。リスと足を失ったスパニエル犬、そしてホルト、サック、ジュガーと名づけられた3匹の子猫と黒ウサギ、さらにパイワケットという名の猫でした。

「通常の人間には、これだけの動物たちを手なずけて、同時に世話をすることなど、到底できない」

裁判においてホプキンスは、こう主張しました。

残された裁判の記録だけでは、エリザベス・クラークが、人間たちとの接触を極力避け、動物たちと静かに暮らすワイズ・ウーマンであったかどうかを判断することはできません。

いずれにしてもホプキンスの執拗な魔女狩りによって、何千人もの女性に加えて男性や子どもの命までもが奪われた事実は動かしようがありません。

ちなみに、ホプキンス自身は、自分の家に帰る途中、罪状は不明ですが身柄を拘束され、最後は裁判で魔女であるという判決が下り、死刑になったと伝えられています。

エリザベス・クラークと動物たちが裁かれた法廷

ほんとうに彼女に悪魔が宿ったのだろうか？

ヴェルツブルクの悲劇からちょうど100年時代を下ります。

1727年のことです。〝頭がおかしい〟という記録が残る一人の老女が処刑されました。彼女の名前はジャネット・ホーン。

彼女には先天性奇形の一人娘がいました。彼女にとっては大切な娘です。ジャネットは、馬のポニーを差し出す代わりに娘だけは助けてほしいと懇願します。

でも、その願いも空しくジャネット・ホーンと娘は、ともにスコットランドのドーノックにある刑務所に監禁されます。そして審問を受けた後、魔女であると判決が下り、死刑を宣告されたのです。

母親ジャネットは監獄に入ると、娘が死刑から逃れられるよう、魔術を使いました。そのおかげでしょうか。町の人々や裁判官が先天性の奇形の娘に同情を寄せたのです。

町の人々は、それまでに嫌というほど残酷な光景を見させられてきました。賢者や助産婦、薬草の専門家など、霊性の高い人たちが、次々に焼き殺されてきたのです。もう、嫌気がさしていたのかもしれません。あるいは、幼い命が奪われることに、もう我慢できなかったのかもしれません。こうして娘だけは、どうにか死刑を逃れることができたのです。

しかし、母親のジャネットは拷問を受け、死刑が執行されることになります。判決が下された翌朝、娘が釈放されたあと、老女ジャネットは、人々が見守る街中の大通りで、洋服をすべて剥ぎとられて素っ裸にされ、油を体中に塗られます。そして、樽の中に押し込められて、そのまま焼き尽くされたのです。

彼女は死ぬ間際まで、古くから伝わる祈りを唱えつづけたと言われています。

ジャネット・ホーンはイギリスでもっとも邪悪で残虐な方法で殺された最後の魔女となりました。

魔女狩りによる火刑は、この後もしばらく続きます。でも、ジャネットのきわめて残虐な死刑執行は、人々の感情に変化をもたらしました。それを見た人々に、もううんざりという意識を植えつけたのです。そして彼らの心のなかに、疑念がはっきりとした形となって膨らみはじめます。

自然と深く関わり、古代から伝わる教えを実践する人々に悪霊が宿っているというのは本当だろうか——？　こうした教えが神の行いであると言ったのは、いったいだれだったのだろうか——？

現代にも根深く残る悪魔への恐怖

こうして、魔女狩り時代は14世紀のミニ氷河期にはじまり、300年という長い歳月をかけて本格化しました。この章ではその凄惨な事件の代表的な事例として、ゴベル・バベリンという美しい少女が暮らしたヴェルツブルクの出来事を紹介しました。むろん魔女狩りが行われたのはこの地だけではありません。約50年後には米国ニューイングランド地方で大規模な魔女狩りが起きています。これについては後段で触れようと思います。

魔女狩りにおける歴史はさまざまなケースがあり、膨大な調査研究が必要です。現代のわたしたちにとって、〝魔女狩り〟といえば、歴史上のひとつの出来事にしか感じられないかもしれません。

でも、実際は、読者の皆さんが想像する以上の長い期間にわたり、さまざまな地域で、さまざまな形の魔女の排斥が延々と、しかも堂々と行われてきたのです。

さらに、もっと現実を直視すれば、魔女狩りはいまだに消滅していないという見方もできます。もう魔女狩りは存在しない、と思っている人が多いでしょう。でも、実際はそうではありません。

キリスト教化が急速に進むアフリカ大陸の国々では、魔女とみなされた人々が、かつての魔女狩り時代と同様に、火あぶりの刑を課せられる恐ろしい出来事がいまも起きています。

また、西ヨーロッパに広がったローマ・カトリックや、プロテスタント教会などの諸教派を支持する現代の国々では、そんな残虐な出来事が起きる環境にはないと信じられていますが、現実には、1995年3月にイギリスで起きています。

リンカンシャー州の英国教会の教区牧師が、ある女性司祭が魔女であると公表し、公衆の面前で火あぶりの刑を実行するという出来事がありました。

魔女は、現代においても、軽蔑すべき存在であり、反感をいだく対象としてみられている現実がそこにあります。数百年にわたりつづいた魔女狩りの時代の影響力はそれほどまでに大きく、そこで醸成された悪魔や魔女への恐怖心が、今も人々の心に深く根を張っている証でしょう。

殺された魔女はいったい何人？

魔女狩り時代と呼ばれる時期に、いったい何人の魔女や魔術師が殺されたのでしょうか？

この質問に対して、正確な解答を導きだすのはとても困難です。

14世紀から18世紀におよぶ約400年間に処刑された魔女の人数は、1970年代に算出された数値がもっとも多く、900万人に上ると言われています。

ただ近年になって、学者や研究者の献身的な調査によって、これらの数字の見直しが何度も行われ、公表された数値の中には、被害者の数を10万人から30万人と記述する学術的な文献もあります。

ただし、この数字には、次のような人たちは含まれていません。獄中で病死したり、拷問によって亡くなったりした人や、処刑前に自ら命を絶った人、小さな名もなき村で亡くなった名もなき人、そして魔女罪以外の罪状で亡くなったと宣告された人などです。

ようするに、10万人から30万人という数字は、実際に牢屋に監禁され、しかも魔女であることを理由に死刑判決を受け、かつ死刑執行の当日まで生きていたという記録が残る人だけの数字ということになります。

★★★★★★★★★★★★★★★★★★★★★★★★★★

COLUMN

魔女の仲間といったら……？

ひとりの魔女が死刑判決を受けると、その親しい仲間もまた、尋問を受け、死刑宣告を受けるケースがよくありました。

魔女にとっての親しい仲間といったら、通常、動物を意味します。魔術を行うときに動物を媒介にして悪霊や悪魔を呼ぶという捉え方が一般的だったからです。

もちろん、これは真実ではありません。被害妄想や誤った解釈がこんな考え方を生んだのでしょう。

実際には、人間が動物と共同で魔術を行うのは稀です。ところが、当時は魔女たちが猫や鳥、蛇、ウサギなどとともに暮らしていた場合、これらの動物も魔術の協力者として当然のように尋問や裁判の対象とされました。

★★★★★★★★★★★★★★★★★★★★★★★★★★★

『The Malleus Maleficarum』（魔女に与える鉄槌）の中で、魔女が召使いに嫌がらせをする場面で、魔女が黒猫に変身する様子をいかにも不吉なシーンとして描いています。この話がもとになって、今でも黒猫は魔女の化身として考えられるようになったのです。

1600年代のヨーロッパにおいても、魔女と猫はとても密接な関係をもつと考えられていました。そのせいで数多くの猫が魔女とともに虐殺されました。

洗礼者ヨハネの祝祭日には、人々の前で猫が見世物として公開処刑されるイベントが行われました。中でも最も残酷なのは、パリのかがり火祭りで、数千匹の猫がイベントの一環として焼かれました。

ブリテンではつねに猫が、時には犬や鳥も、魔術に必要なアイテムとして利用される場合が多かったので、魔女に死刑が宣告させられた場合は、必然的に一緒に暮らす動物たちも殺されたのです。

魔術の実践……3

木の下に魔法の隠れ家を作ろう！

西ヨーロッパ諸国では、魔女狩り時代に入る前から、こんな言い伝えがあります。
魔女が、もし囚われそうになったり、死刑を宣告されそうになったりしたときは、ナナカマド*の木の枝のたもとに秘密の隠れ場所があるから、そこに逃げこめという教えです。
ナナカマドは、魔女を人から見えなくするだけでなく、危害を加えそうな人の視界に入らないように細工してくれるのです。

古代ケルトの伝承によると、ナナカマドは魔法の木と言われています。ワイズ・ウーマンが住む家のドアや、室内時計にナナカマドの小枝を飾ることが多く、これによって危害から逃れる効果がありました。

ところが奇妙なことに、魔女狩り時代に入ると、このナナカマドの教えは別の意味を持って広まったようです。

「ナナカマドは人々を魔女から守ってくれる！」

逆の意味を持つ迷信に変わったようです。

もしあなたが、木々とともに魔術を行うことに興味が沸くようなら、ナナカマドと同様に、保護の役割を担うハーブを玄関先や裏庭で育てるとよいでしょう。

レモン・バーベナやローズマリー、ラベンダー、タイムです。生活の一部にこれらのハーブを取りこむことで、悪意を持ってあなたに近づこうとする人々を退けてくれます。

（＊訳注）セイヨウナナカマドのこと。日本のナナカマドとは異なる。

4章

★★★★★★★★★★

恐怖の時代を生き抜いた天才魔術師ジョン・ディー

滔々（とうとう）とあふれ来る「天使の言葉」

長い顎ヒゲが目を引く中年男は、今にも消え入りそうなキャンドルのわずかな明かりの下で、机の上の羊皮紙に向かい、しきりになにかを書き付けています。無骨で色白な、賢者の細長い指はせわしなく、まるでなにかに急き立てられているかのように動いています。

ときおり、ペンを止めると、彼は正面に座る男を一心に見つめます。その男は、崩れ落ちるようにイスに座ったまま、全身を震わせて、訳のわからない言葉を発しています。

彼の口からほとばしり出る言葉は、まったく理解不能です。この男、エドワード・ケリーはトランス状態で、別なスピリットが彼の肉体に乗り移っているからでした。

ケリーがふだん口にする独特のアイリッシュ・アクセントはなく、声のトーンや声音も彼のものではありません。ケリーらしいものといったら、その訳のわからない言葉を音にするのに必要な器――肉体だけでした。

必死にペンを走らせる顎ヒゲの中年男の名はジョン・ディー（1527～1609年）。彼が今、聞き取っているこの言葉こそ、世に言う「天使の言葉」なのです。

ジョン・ディー博士は、神のメッセンジャー（天使）が発する言葉を理解できるのは自分だ

ジョン・ディー博士の肖像

けであろうと感じながら、暗闇のなかで、ペン先を繰り返しインク壺に浸して、綴っていきます。

ケリーが突然、頭をうな垂れ、疲れきった様子で口を閉じると、椅子に深く沈みこみました。博士はペンをおくと、額から眉毛にこぼれ落ちる汗をぬぐいながら、ケリーの肉体を借りた天使との繋がりから得た情報をすべて書きとめたことを確認しました。

ようやく彼らのチャネリング・セッションも終了です。博士はこのトランス状態から回復するために、パンとビールでも食べようと思ったその瞬間でした。ケリーの身体が激しく揺れると、ふたたび彼の肉体を通して天使の言葉を発しはじめたのです。

ディー博士は、ふたたび激しく集中しなければならない状況に引き戻されたのです。焼け付くような頭の痛みに耐えながらチャネリングを再開し、聞こえてくる天使の言葉をひたすら羊皮紙に書き留めてゆきました。

そこにいるのは〝神の使い〟となったジョン・ディーです。この作業に陶酔しきる彼は、天使の言葉が続くかぎり、聞こえてくる言葉を一語たりとも聞き逃すまいと集中しました。肉体の疲労を感ずることなく、ペンを握る手を休めることも拒絶して、自分自身に課されたミッションと責任、ただそれだけに彼はつき動かされていたのです。

神秘の世界と政治の世界をつなげた唯一無二の存在

ケリーの肉体が最終的に落ち着きと静けさを取り戻すのは、それから24時間後のことでした。ディー博士は執事を呼び、ケリーを寝室に運び、十分な休息を与えるように伝えました。

部屋に一人になったディー博士は、書きとめた天使の言葉のすべてを、あらためて読み返します。その言葉にあふれる尊厳に満ちた内容の数々に感動を隠し切れず、あふれる涙をこらえることができませんでした。博士は、深い感謝の気持ちとともに、短いメモを紙の最後に書きたしました。

「なんてことだ!」

彼はメモを書きながら、冷静さを取り戻そうと必死でした。

「この神秘は、なんて奥が深いんだ……。私自身は単に神とスピリットに肉体を貸した、神の手に過ぎないのだ。もしも私が、自分の意思で、天使の言葉を操ることができるなら……」

ジョン・ディー博士は、世界でも類を見ない、現実の社会にもっとも大きな影響を与えた魔術師であり、しかも人々を魅了したリアルな存在なのです。

天才的な数学者であり、また政治家でもあります。一時期はエリザベス1世の聡明なるアドバイザーであり、警護を担当したこともあれば、機密情報を収集するスパイとして暗躍したこともありました。さらに占星術師であり、錬金術師。そしてマジシャン（魔術師）ともいわれました。

ディー博士は、社会が不安定だった時代のなかで、神秘の世界と政治の世界をつなげた人物なのです。また、今日「ェノキアン魔術」として親しまれているオカルト言語とシステムを開発し、目に見えない世界とつながり、そこに潜む神秘を学術的に解明しました。

82歳で生涯を閉じるまでに、ディー博士は魔術行為で少なくとも2回、反逆行為によっても2回ほど逮捕された経歴を持っています。また、後に住み慣れた故国イギリスを離れることになりますが、そんな苦境にあってもディー博士の情熱は衰えることなく、すべての経験を肥やしにしたのです。

晩年の彼は、社会から忘れ去られた存在となりますが、それでもなお、冷静さを保ち自己管理能力を失うことなく、彼が信じる魔術の道を進みました。

そんな彼の人生は、後のシェイクスピア（1564～1616年）に影響を与え、彼の晩年の戯曲「テンペスト」（〝The Tempest〟または「嵐」）に登場する主人公、プロスペローは、ディー博士がモデルといわれています。

天使の領域に通じる49のゲート

ジョン・ディー博士とエドワード・ケリーによって見いだされた天使の言葉は「エノク語」と呼ばれています。

エノク語は48の音から成っていて、天使の世界と現実世界を結ぶゲートを効果的に開くために唱えられます。

一連のこれらの音は、キーとも呼ばれ、文字通り音の組み合わせによって、この世界と天使の領域を隔てるポータルに穴を開け、直接天使に言葉を届けることが可能になるのです。さらには特定のシンボルが音に付随していて、これらのシンボルは、天使だけが理解できる特定のメッセージや印章として使われます。

ディー博士によれば、天使の領域に通ずるゲートは49存在します。しかし、ゲートに通じるためのキーは48で、残りの一つは、決して開かれることのないゲートだといいます。

また、エノク語は、天使と直接交信したり、天使を召喚したりするためだけの言語として存在するのではなく、この言語を使うことによって、たとえば悪霊なども含め、そのほかのスピリットとも交信をすることができたと言われています。つまり、使い方によっては悪用される可能性のある言語ということになります。

いずれにしても、この言語の存在は、当時、とても強い影響力を持っていたのは事実です。

エノク語は、それまでに存在したどの魔術とも、また、それ以降に生まれたどんな魔術とも異なり、確実にメッセージを届けてくれるものです。しかし、受けとったメッセージを明確に理解するのが、時に難解な場合もあるようです。それでも、私たち人間と人間の叡智を超えた領域の存在とを確実につなげ、お互いを理解しあうことを可能にするツールなのです。

ディー博士がこの世を去って50年もたたない内に、博士のエノク語を使った天使召喚の魔術は、ヨーロッパ全土で特定のマジックサークルを開くときに使われるようになります。その儀式が行われるときは秘密裡に開かれることが多く、ときには間違った使われ方をすることもあったようです。

新たな世紀、20世紀に向けて卓越した魔術組織であろうとしたゴールデン・ドーン（黄金の夜明け団）でも、天使を召喚するためにエノク語を使っていました。そして現代においても、この魔術は、その実践者が望めば、だれでもそのパワーを体験することができるものとして存在し続けています。

目指すものは、神の意志に基づいて行う魔術

ジョン・ディーは、1527年にロンドン郊外のモートレイクに生まれました。まれに見る才能に恵まれた子どもで、数学に関する天才的な能力は、15歳でケンブリッジ大学に入学を許されるほどでした。

大学在学中に、彼が行う魔術がおおっぴらに批判を受けたとき、ディーははじめて自分自身の飛びぬけた能力に付きまとう〝危険性〟に気づきます。そのとき、非難の的となったのは、舞台道具のひとつとして作った機械仕掛けの空飛ぶカブトムシでした。つまり、今でいうロボットです。

この出来事は、若きジョン・ディーに、その後の人生でも似たようなことが繰り返されることを想像させました。つまり、社会に受け入れられるか、拒絶されるかギリギリのところで、これから先の人生を生きなければならない自分自身の姿を、早くも彼自身が見切ったのです。

魔術に対する考え方が徐々に変わり、捨て去るべき古き因習や迷信としてしか扱われなくなる一方で、急速で過激な自然科学の進歩に感覚が追いつかない時代に、魔術師として生まれてしまったがゆえに、社会から危険な反動が自分自身に向けられることを彼は悟ったのです。

こうしてジョン・ディーは、ケンブリッジ大学在学中に多くの迫害を受けることになりまし

た。しかし、社会に出るとディーの深い神秘的な天性は、めきめきと頭角を現します。

学会の最高ランクの人々との交流が広がり、貴族出身の神学者であり、魔術師、医師でもある、当時ちょうど若い魔術師に錬金術と占星術の講義をはじめたコルネリウス・アグリッパの特別研究員になります。

アグリッパの類い稀なる才能と、神秘主義に関する知識を合体させた講義は、ディーを魅了します。そして神との融合が、けっして不可能ではないということを彼に確信させます。彼が言うところの〝神との融合〟とは、つまり、神あるいは高貴な神秘の力と直接コミュニケーションをとることにほかなりませんでした。

オカルト界の伝説の人物として後世に語り継がれるディーの旅路は、この神との融合を求めるひたむきな願望によってはじまります。そして、占星術に関するきわめて的確な解釈に基づく他者への〝星読み予言〟は、とても魅力的でパワフルでした。ジョン・ディーの聡明な魔術師としての評判が高まったのは言うまでもありません。

しかし、人間の理性による自立を求める啓蒙思想が芽生えはじめるこの時代において、ディー博士のこうした予言の的確さや研究の緻密さも、とても危険な一面を持ちました。1500年代において、魔術と自然科学というジャンルは、まだ同じ学問の領域に同居していたのです。

両者はともに注意深く扱われるべき学問で、とくに魔術に関してはつねに正しい道を歩くことを意識する必要がありました。自然科学を追求することで誤った魔術を助長する場合もありました。

もし、ジョン・ディーが半世紀遅く生まれていたら、そして、彼の行なう魔術がだれかの手によって告発されたとしたら――、つまり前章（3章）で書いたドイツ・ヴェルツブルクにおける魔女狩りと同時代であったとしたら、火刑による死刑判決を免れることはできなかったでしょう。

しかし、ディーは幸運にも50年あまり早くこの世に生を受けました。そのおかげで、この科学者であり数学者、錬金術師でもありスパイの鍛錬者、そして魔術師でもあった男は、彼の〝魔術〟と呼ばれる行いを実践し続けることができたのです。

しかも、彼の魔術は、神との融合を目指すものでした。魔術が、神の意志に基づいて行われたと世の中がみなす場合、その魔術が仮に尊敬に値しない内容のものであっても、許容されました。彼は、まさに神とともに魔術を行うことを自らに課していたのです。

それでも、彼の長く波乱に満ちた人生は、つねに〝危険〟と隣り合わせだったのは言うまでもありません。

エリザベス1世の信頼の下で

ジョン・ディーはいっとき、悪評高い魔術師として、その名を馳せた時期があります。プロテスタントに対して過酷な迫害を行ったイングランド女王メアリー1世（1516～1558年）の依頼を受けて、彼が占星術を提供したことがきっかけでした。

興味深いのは、メアリー1世の異母妹であり、将来、メアリー1世と王位を争うライバル、エリザベス1世（1533～1603年）からも占星術の提供を依頼されたことです。

残忍な女王として知られるメアリーが、ブラッディ・メアリー（血まみれのメアリー）と呼ばれたのは有名な話です。

ディーが妹のエリザベスに、彼女が将来、女王の座に就くと予言したことがメアリーに発覚すると、彼女は憤慨してディーを裏切り者として告発します。

そしてディーに対して、もっとも不名誉で、もっとも苦しみを強いる首吊りと四つ裂きの刑を宣告するのです。

ディーは若くして二度目の罪に問われ、しかも死刑台に磔（はりつけ）にされることになります。しかし、ディーは、この非情な宣告に対して、聡明な知恵と独自の巧みな話術を駆使してメアリーを説得するのです。そして結局、メアリーはディーの説得に応じ、仕方なく彼を釈放することになります。

しかし、メアリーがこの世を去るまでのあいだ、ディーはつねにメアリーの監視下に置かれることになりました。

ジョン・ディーのサポートをつづけたエリザベス1世

その後、ディーは、彼の信頼と忠誠心と才能を認めるエリザベスとともに歩む道へと導かれます。そしてエリザベスは、ディーの予言通り、１５５８年11月にイングランドとアイルランドの女王の座に就き、ディーは女王の助言者として公に任命されます。こうして英国でもっとも偉大な統治者が誕生することになります。

エリザベスの支援と保護により、ディーは心から望む道を歩みはじめます。神秘の研究を続け、その可能性を探索することに熱中しました。

また、彼は、きわめて有益な助言者として、あるいは外交家としてさまざまな助言をエリザベスに提供します。それらはつねに的確でした。

エリザベス女王の即位式を挙行する日に関しても具体的に伝え、より建設的で効果的な結果を導きだすようアドバイスしました。同時にクリスタルを使った水晶占いで彼女の未来を見通す魔術も始めるのです。

そんなディー博士に大きな転機が訪れます。初めて挫折を味わうのです。これまで水晶を読み、将来を予見してきたのに、それが思うようにできなくなったのです。メッセージがこめられているはずのビジョンを見ても、そこにメッセージを感じとることができず、聖なる言葉として提供できません。その苛立ちがストレスになっていきました。

また、国家間におけるスパイの任務や、追跡機能がついた装置の開発など、意欲的に取り組んだ仕事もありましたが、女王に対する助言者としての任務に徐々に限界を感じはじめていたのです。

そんなとき、ディーの人生に転機をもたらす人物との運命的な出会いが彼にもたらされます。ディー博士のキャリアはこの出会いにより、後に伝説と呼ばれることになります。しかも、それは後戻りができない汚名と悪評にまみれた人生への入り口だったのです。

エドワード・ケリーとの出会い

ディー博士はだれにも知られぬように、魔術の助手を募集しました。博士にはない技術や能力を持つ人物を探していたのです。これが、エドワード・ケリーとの出会いにつながります。

ケリーは錬金術師であり預言者でした。ミディウム（霊媒師）でもあり、チャネラーでもありました。また、彼は天才的な能力を持つオカルト信仰者であり、その一方でペテン師でもありました。

彼は、ディー博士と出会うための、もっとも巧妙で効果的な方法を熟知していたのです。

ケリーの肖像画を見ると、どれも魅力的なアイルランド人として描かれていますが、いずれも耳が隠れるほどの長い髪の毛を備えています。これは、1500年代に泥棒やペテン師に対して行われた典型的な処罰によるもので、彼は耳をそぎ落とされていたからです。

自分自身の評判を上げるために、ケリーは錬金術師としてなりふり構わず活動しているという噂がありました。ディー博士がそれを知っていたかどうか、あるいは気にかけていたかどうかは知る由もありません。たしかなことは、彼らの最初の出会いは偶発的なものではなく、出会うべくして出会ったということです。ゆえに、二人は即座に活動を共にするようになったのです。

人と神をつなげる手助けとなるために

ディー博士はケリーという人物にパートナーとしての完璧な資質を見いだします。彼はミディウムであり、チャネラーでもあるので、純粋な神の御言葉を見聞きし、受け取ることができます。

ディーの計画はとても純粋なものでした。神の声を伝え、広めるメッセンジャーとしての宿命を全うすることでした。そこに一片の迷いもありません。

天使と直接会話をすること、そして文字通り天使の言葉を理解し、研究し、それを世間に発表することを使命としていました。

天使の言葉は、「エノク語」と呼ばれています。エノキアン（Enochian）とは、旧約聖書に登場するエノク（Enoch）という預言者の名前から派生した言葉で、預言者エノクは大天使からのメッセージを直接受け取り、会話をすることができる人物でした。

つまりエノキアン（Enochian）とは、天使とコミュニケーションをとる方法を指す言葉で、アダムがイブに誘惑されエデンの園へ追放される以前から、神がアダムに話しかけた言葉でもあります。

おそらくディー博士は、この天使の言葉を復活させることで、神の恩寵を受け取り、私たちがふたたび喜びと幸せを手にして生きていけると感じたのかもしれません。

しかし、こうした神秘の研究は、物質社会においては、とても大きな危険性をはらんでいて、ときに負の影響をもたらします。

ところが、ディー博士という人物は、さまざまな資料を通して知るかぎり、そんな危険性を顧みることなく、自分の信念に沿って迷うことなく突き進む性格だったようです。

エノク語で綴られる天使の言葉が、人々と神をつなげる手助けとなることに、ディー博士は確固たる自信を持っていました。それによって私たち人間がこれまで背負ってきたアダムの罪から解放され、自由をえることを促し、より喜びに満ちた神との関係が復活すると信じていたのです。

同時に、神秘に対する情熱的なディー博士の研究は、キリスト教信者であろうとなかろうと、神の存在にできるだけ近づくことで、罪や無知、汚名から開放されることを実証することでもありました。

しかしながら、博士が行う水晶占いや魔術、霊媒、黒魔術などの儀式は、だれの目にも、とても怪しげな行動に映ります。人目に付けば、すぐさま尋問される危険性がありました。こればかりは、ディー博士がエリザベス1世にどれだけ愛され、また価値ある人物だとお墨付きを与えられたとしても、避けて通ることができない現実でした。

エリザベス女王の疑念とディーの躍動

世間にはヒソヒソ声がうずまいていました。ジョン・ディーが黒魔術や悪霊の儀式、魔術に明らかに傾倒しているという噂で持ちきりだったのです。

ディーが熱心に行ってきた魔術は、エリザベス1世とディー博士の関係に亀裂を生みました。

エリザベス1世は、現実社会の国の指導者です。ディーがケリーをパートナーに選んだことで、彼自身がこれまで積み上げてきた実績や信頼を台無しにしかねないと感じとる直感と頭脳の明晰さを、十分に備えた人物でした。彼女は徐々にディー博士との距離を置くようになります。

そもそも、彼女の母親・アンが同様の罪で処刑されたことを考えれば、彼女自身が汚名を着せられぬよう用心するのは当然の成り行きでしょう。

一方、ディー博士は、周囲のそんな状況にお構いなしです。法の下において自分の地位や名声が貶められるとわかっていても、ディーはケリーにのめり込み、彼自身もエリザベス1世から離れる道を選ぶことになります。


ディーとケリーの関係はさらに過激になります。ケリーとのチャネリングにすっかり魅了されたディーは、絶大なる信頼を彼に置きます。一方のケリーは、より高度なエネルギーによるチャネリングを求めて、ボヘミア王国（チェコ）への移住をディーに勧めます。ボヘミア王国がサポートを保証したからでした。

ディーはすぐさまこの提案を受け入れ、ケリーとともにイギリスを離れる決断をします。流産したばかりの幼い妻と家族をイギリスに残し、居心地の良い安定した生活を捨て、なにが起きるかわからない異国に単身、移り住むことを選んだのです。

ケリーのチャネリングによってもたらされるメッセージや、そこに登場するあらゆる存在との関わりが、魔術師としての集大成に近づくために、どうしても欠かせないものだと考えたのでしょう。

最終的に、ディーの願いは、結実します。神との直接的な交信を実現して、その後、何年にもわたりすばらしくも、驚くべき成果をもたらします。こうしてジョン・ディー博士は、天使の言葉の秘密を求めて、イギリスを離れ、世界中を移り住む人生を歩みはじめたのです。

ディーと天使をつなぐもの

もし読者のなかでロンドンの大英博物館に足を運ぶ機会に恵まれる人がいたら、ぜひEnlightenment Room（エンライトメント・ルーム）と呼ばれる小部屋を訪ねてみてください。[*1]部屋の一番奥近くに小さなキャビネットがあり、そこに現存するもっとも有名な魔術道具が展示されています。ディー博士が水晶占いで最初に使ったオブシディアン[*2]（黒曜石）の鏡などを見ることができます。

この黒い卵型をした小さな鏡は、全体がオブシディアン（黒曜石）で作られていて、あたかも火山口から噴煙が噴出するかのように、鏡が煙を吐き出すといわれ、地獄の炎へのポータル（入り口）として使われました。

ジョン・ディー博士の秘法具「煙を吐く鏡」（上）と「アメスの印章」（右下）

この鏡は、メキシコで作られたもので、１５２７年から１５３０年ころのあいだに、スペイン議会の調査隊としてイギリスを訪問した、おそらく当時のスペイン大使がエリザベス１世に献納したもので、それがディー博士に贈られたという話が伝わっています。

この鏡は、古代メソアメリカ――マヤ、アステカなどの高度な文明が築かれた中央アメリカ地域の女神、テスカトリポカ（煙を吐く鏡）が実際に所有していたものだと言われています。メソアメリカ人は重要な決断を下すとき、いつもこの鏡に助言を求めたとされます。

エリザベス１世に仕えたディー博士は、かつてはクリスタルを使った水晶占いを行っていましたが、この鏡を手にしてからというもの、その魅力に引きこまれ、彼にとっての至宝の術具になりました。

ケリーが彼の表現するところの天使たちと効果的につながることができたのも、この鏡のおかげだったのでしょうか？　また、ディー博士やケリーに助言を求めるヨーロッパの指導者たちの将来を予言するために、この鏡を使ったのでしょうか？

キャビネットに展示されるもののなかには、そのほかにも興味深いものがあります。無心にそれらを眺めていると、目に見えないパワーと同調できる気がしてきます。

ひとつは「ウリエルの幻姿」[*3]（Apport of Uriel）という名称で知られる水晶占い[*4]用のクリスタルです。

この卵型の濃い黄金色のクリスタルを使って、ディーとケリーが天使を召喚するチャネリング・セッションをしたときに、天使ウリエルが姿を現したといわれています。

そのほかにもアメス（Ameth：ヘブライ語で真実を意味する）というすばらしい印章や、いくつかの複雑な印章が刻まれた蝋でできた平板もあります。

天使から届くメッセージはエノク語による言葉だけではありません。シンボルやサインを通して届けられることもあります。それがどのような形であったとしても、天使からのメッセージは、神とつながることを可能にしてくれました。つまり、神からのメッセージを受けとるに等しかったのです。

ディー博士は、そうしたシンボルを、労力を惜しまず、丁寧に祭壇の布や、蝋でできた平板などに記し、併せて天使の言葉を使って天使を召喚するフレーズを書き残しました。

この魔術は、古代から現代にいたるまで、もっともよく使われる手法で、アレイスター・クロウリー（6章参照）のようなカリスマ的なオカルト信仰者ですら、ディーが記したフレーズを使って天使を召喚し、聖なる存在と直接交信を行っていました。

（＊1訳注）大英博物館の最新の展示情報を確認してください。

（＊2訳注）オブシディアン（黒曜石）は、火山性溶岩が冷え切ったときにできる石で、その表面はつるつるして光沢があり反射力が強い石です。とはいえ、ふつうの鏡のようにピカピカしているわけではなく、黒く神秘的なその石はまさに錬金術にうってつけのツールです。

（＊3訳注）幻姿（Apport）とは、ミディウムまたはスピリチュアルなトランス状態の降霊術によるセッション中に物理的に霊が現れる現象のこと。

（＊4訳注）水晶占いは、トランス状態に入り、物を通じて将来を「視る」魔術です。もっともよく使われるツールは、黒い鏡、あるいは球体のクリスタルです。ディー博士とケリーも2つのツールを頻繁に使っていました。

セックス・スキャンダルとケリーとの破局

頭脳明晰なエリザベス女王とディー博士の関係は、あるセックス・スキャンダルが発覚することによって、完全に途絶えます。

この事件のそもそもの発端は、チャネリングによって導かれた天使のメッセージでした。ディーとケリーが持つすべてのものを二人が共有するよう天使が命じたとして、ケリーはディーに対して、お互いの妻と肉体関係をもつことを提案します。

つまり、ケリーは自分の妻ジョアンナに、ディー博士と肉体関係を持つよう説得し、同時に自分はディーの若く美しい妻ジェーンと肉体関係を持つことの許可をディーに求めたのです。

実際にディー博士が残した記録には、この歪んだ性的関係が続いた事実が記されています。またディーの妻であるジェーンも、このケリーの要求に苦しんだことを綴っています。彼女が書き残した文面からは、夫であるディーとケリーが共謀して企てたこの計画を、ジェーンは心のなかでまったく受け入れていなかったことが読み取れます。

「自分の肉体を利用されることを受け入れてしまったけれども、このような恥、背徳の行為に服従しなくてはならないこの状況から、神が私を助け出す前に、さっさと私のことを石に変えてくれることを信じたい」

苦悶するなかでジェーンが彼らの要求を受け入れ、それがさらに苦しみを深くしたことは明らかでした。しかも、この奇怪な計画がディーとケリーの関係を破局へと導くきっかけとなったのです。お互いの信頼関係は失われ、不和を生み出し、やがてそれが憤りや恨みに発展します。もともとディーは信心深い人間で、妻ジェーンを心の底から愛していただけに、この企みは、彼のなかに深い悔恨だけを残す結果になったのです。

ジェーンはこれらの計画のあと、出産をします。ディーはその子が自分の子どもか、それともケリーの子かを知ることはできませんでした。

ケリーと妻ジョアンナのあいだには子どもがいなかったので、ケリーはジェーンが出産した子を自分の子だと主張し引き取ろうと試みます。つまりケリーは、最初からそれが目的で、ディー博士に計画を持ちかけたように思えます。ディーの妻ジェーンは、子どもが欲しいと願うケリーの願望をかなえるために利用されたのです。

この出来事をきっかけに、ディーはケリーと決別します。

ケリーと別れた後、ディーは新たなパートナーを雇い、占星術を使って滞在する国の高官や軍人たちのアドバイザーとして活動するようになります。

その頃のディーは、故国イギリスの地に帰りたくなったようで、そんな言葉を周囲の人間に漏らしています。もし、エリザベス女王が、ふたたび受け入れてくれるのであれば……。

盗まれたジョン・ディーの功績

ディーとケリーが決別したという情報が英国王室に伝わると、エリザベス女王はディー博士をふたたびイギリスに迎え入れようとしました。生まれ故郷に帰れば、もう一度家族とともに健康で幸せな生活を送ることができます。ディーにとって、良い兆しでした。

しかし、ロンドンのモートレイクに帰郷してみると、彼の洗練された屋敷は、不在中に何度も泥棒に入られ、家財道具は消失していました。そして放置された裏庭は、泥棒たちが宝物を掘り起こそうとしたのでしょうか。穴だらけでした。

書斎に入ってみると、ディー直筆の記録ノートがすべて焼き尽くされていて、貴重なグリモワールやアラビア数字に関する研究論文、医薬に関する論文が盗み出されていて見当たりません。かろうじて残された魔術書も無残にも破かれ、床に散らばっていました。

ディー博士は、長年にわたる自身の収集品や宝物、書庫に収めた彼自身の研究、これらすべてが盗みと破壊の対象にされたことで、あたかも自分自身が凌辱されたごとく、深く傷つきました。

かつて〝モートレイクの魔術師マーリン〟と呼ばれたディー博士は、彼の家屋敷ともども、その栄光と輝きをすっかり失ってしまったのです。

ディー博士の家に強奪に入った容疑者は、疑いをかけられる者こそいましたが、犯人は最後まで捕まることはありませんでした。その後、ディー博士が所蔵した書籍とコレクションにど

ジョン・ディーは悪魔を召喚したのではなく、天使との対話をつねに目指しました……

れほど大きな財産価値があるかが噂になります。とくに天使の言葉に関する記録や、トレジャーマップ（宝地図）の価値は計り知れないとされ、人々は強奪されたそれらの文献や記録の行方を必死になって捜し求めました。

エリザベス女王は、ディーを襲ったこの悲劇を真摯に受け止め、彼に慈悲を与え、住居を提供しました。ディー博士がさまざまな毀誉褒貶を繰り返した後も、彼女は変わることなく、ディー博士の実力と有能さを認めていたのです。

1595年、ディー博士はマンチェスター大聖堂内にかつて存在したクライスト大学の学長に任命されました。その機会を与えられたことに感謝しつつも、本当は家族やエリザベス女王に近いロンドンの、自身の書斎が近い環境に身をおきたかったというのが彼の本音でした。

つまるところ、ロンドンから離れたマンチェスターでの勤務は、エリザベスが暗黙のうちに課したディー博士への罰だったのでしょう。

そんななかで、妻のジェーンはディー博士を愛し、彼に献身的に尽くす夫婦関係を築きました。ところが、マンチェスターに赴任中、ディーに更なる災いがふりかかります。ロンドンの郊外で起きた災難に妻のジェーンと、8人の子どもの内の4人が巻き添えになって命を落としたのです。ディー博士はこの上ない悲しみに包まれました。数々の名誉ある功績だけでなく、愛する家族も失ってしまったのです。

自宅から掘り起こされたひと箱の遺稿

時間の流れがディー博士の心を癒すことはありませんでした。エリザベス女王の死後、ロンドンに戻った彼を待ち受けていたのは、新しく王位に就いたジェームズ1世の治世です。ディー博士は彼が魔術や魔女に関連するすべてを一掃する方針を打ち出したことを知ります。

エリザベス女王が提供してくれた家もすでに取り払われていました。手元に残るわずかなコレクションなどを売り払いながら、身の回りの世話をしてくれる娘との生計を維持してゆくしかありません。

娘は年老いたディー博士に対して、献身的に尽くします。自分自身も魔術に深く関わる人間として、いつ告発されてもおかしくない状況だったので、人目を避ける暮らしを心掛けていました。

ある日、ディー博士は、身に迫る危険を感じとったのでしょう。天使とのコミュニケーションと、その言語研究に関するすべての記録と文献を箱に収めると、深く掘った地中に埋めたのです。これで当分のあいだは彼の研究が外部に漏れることはありません。強盗に奪われることも、王に強奪されることもないと考えたのです。

そしてその後の日々は、いつの日か国から告訴令状が届き、処刑される日がやってくるかもしれないという怯えに苛まれながら、人目を避け、静かに暮らしました。

ディー博士は１６０９年、82歳で生涯を終えました。自身の研究の多くを口外せず、公表することもなくこの世を去りました。


ディー博士が亡くなって、ちょうど50年後のことです。

１６５９年、ディー博士の自宅で新たな発見がありました。ひとつのチェスト（蓋付の箱）が掘り起こされたのです。その中には天使を召喚する呪文や、儀式について書かれたメモ、そして、グリモアールと個人の記録からなる魔術ノートが入っていました。

この遺稿は、発見されたその年に、直ちに出版されることになり、魔術の習得法が書かれたこの本は、一大センセーショナルを巻き起こしました。

チェストの中にはディー博士の肖像画も残されていて、これが現在、私たちが典型的な魔術師像として描かれるディー博士の人物像の基になっています。背が高く、細身で、黒いマントを羽織り、長く白いあごひげに、取り憑かれたような茶色い目——。

偉大なる魔術師マーリンとならび、ジョン・ディー博士の名前がこうして後世に語り継がれることになったのです。

魔術の実践……4

ディーやケリーのように水晶占いをしてみよう！

水晶占い（Scry）という言葉のルーツをたどると、古代アングロ・サクソン語のdescryに行きつきます。その意味は「見つける」、「明らかにする」で、現代用語のdescribe（言い表わす、表現する）の語源になります。

水晶占いを行うとき、自分自身のエゴからくる感情を開放し、ワークをします。そして、エレメントから叡智を受け取り、質問に対するメッセージを洞察するのです。

多くの場合、半反射型のクリスタルを使います。エドワード・ケリーやジョン・ディー同様に水晶占いを行う場合には、球体のクリスタルボールまたは濃い色の鏡が必要です。さらに、それらを濃い色の半透明の布で覆うと、ディー博士の伝説のオブシディアン（黒曜石）で作られた「煙を吐く鏡」のエネルギーを感じられるでしょう。

まずは、静かな場所で水晶占いを行うための環境を整えます。キャンドルに火をともし、人工的な明かりはすべて消し、携帯電話やそのほか電子機器の電源もすべて切ってください。そして歌詞のないメロディーだけの音楽を静かに流しましょう。

準備が整ったら、落ち着いた気分でリラックスします。

水晶占いは古代から受け継がれた魔術のひとつ

水晶占い用の鏡またはクリスタルボールを前に置くか、手に持ちます。そっと目を閉じて、3回深呼吸をしてください。

その後、ゆっくりとした呼吸を繰り返し、静かに目を開けます。ただし、大きく見開いてはいけません。薄開きの状態にします。

下向き加減の状態で、鏡または球体に目を落とします。そこに見える形に集中するのではなく、そこから見えてくるものに意識を向けましょう。中を覗き込むようにして、その中に見える〝世界〟を感じてください。

すべての時間がゆっくりと感じられるようになったら、あなたの体の中の生命の鼓動、エネルギーを感じてください。さらに目を細め、視線を柔らかく、つまり焦点を散漫にして、むしろぼやけて見えるような状態にします。そして、エネルギーを意識的に水晶の中に入れ込むようにシフトさせていきます。

次に、鏡（または球体）全体を大きくゆったりと眺めながら、質問をしてみましょう。水晶から一定のフォーム、またはパターンが形成され、メッセージやイメージとして現れるのを忍耐強く、待ちましょう。

同時に、あなた自身がトランス状態に入りこんだ感覚になると、なにかの形やパターン、シンボルが見える、あるいはなにかの声が聞こえるかもしれません。それに興奮したり驚いたりせず、つとめて冷静さを維持しながら、さらなる情報を受け取ることに集中しましょう。

もう必要な情報は届けられた、あるいはセッションが終了した、と感じたら、ゆっくりと目を閉じて3回深呼吸をし、トランス状態から復帰し、スペルが終了したことを確認します。目を開けましょう。

現実に戻ったら、事前に用意したメモ用紙やノートに、見えたものや、聞こえたもの、感じたことなど、セッション中に経験したすべてのことを素早く書き留めましょう。トランス状態から復帰して1分も絶たないうちに、すべてを忘れてしまう場合が多いからです。

ディー博士が一心不乱に天使の言葉を書き綴ったように、できるだけ記憶が鮮明なうちに記録をとりましょう。

記録を終えたら、キャンドルを吹き消し、音楽を止めて、現実の世界に戻るために環境を変えます。食事をとるとか、別な音楽を聴く、外出する、シャワーを浴びるなどがよいでしょう。

これが水晶占いの一連の流れです。この魔術は練習を数多く繰り返すほど、精度が増してゆきます。ただ、なかには、ケリーのようにいきなりすべてのメッセージをチャネリングできる人もいます。まずは試してみましょう。

5章

★★★★★★★★★

入植地ニューイングランドのカオスの中で死をもって裁かれた魔女と〝法の真実〟

マサチューセッツのピューリタンの街で

4歳のホームレス、ドロシー・グッドは、寒い屋外にたたずみ、薄汚い格好で震えていました。1692年のことです。この年のセーラム村はいつもの年より春の訪れが遅く、咳が止まらないドロシーは、寒さに凍え、空腹に耐えながら、人々に物乞いをしていました。

「もうすぐ、春が来るから……」

母親はドロシーに何度も繰り返し言いました。

そして、春が来れば町中に人があふれ、暖かい気候とともに人の心も優しくなって、たくさんの人たちから恵みをもらえるよ。母親はそうも言いました。

そうです。春になれば、母親とドロシーが仕事を見つけて、寝泊りできる場所を与えてもらえるかもしれません。

でも、時はまもなく3月です。春の到来を告げるにはあまりにも寒く、泥まみれの雪が道に凍り付いていました。ふだんは優しいセーラムの人々の心も、この年ばかりは冷たく閉ざされていたのです。

ドロシー・グッドと彼女の母親サラは、他所の町からこの清教徒の本拠地であるセーラム*に移住してきた親子でした。恐ろしい神が宿るマサチューセッツ州のこの小さな町に……。

サラとドロシーは、インディアンを迫害するニューイングランドの厳しい規制のせいで、物乞いの生活を強いられていました。日曜日になると、ドロシーは教会へ向かいます。礼拝を終えて教会から出てくる人々から恵みをもらうために、3時間も外で待つのです。そんな生活が、もう何カ月も続いていました。彼女を哀れに思う人が、たまにわずかなコインを手渡してくれたり、パンを恵んでくれたりしました。

ところが、町に新しくパリス牧師が赴任してきてからというもの、親子にとってこの町はすっかり暮らしにくい町に変わってしまったのです。パリス牧師が、教会の前で物乞いをする少女をひどく毛嫌いしたからです。

母親のサラは、見ず知らずの人に図々しく物乞いができる性格ではありませんでした。それに彼女はそのとき、第二子を妊娠していたのです。娘のドロシーはそんな母親のために、少しでも多くの施しを手にするために、聖書のことなんかなにも知らなくても、教会の前にみすぼらしい格好で立ちつづけたのです。

パリス牧師は、そんな親子を嫌っただけではありません。二人に食料やコインを恵む人々に対しても、容赦なく非難を浴びせかけたのです。

長引く冬のせいで困っていたのはサラとドロシーだけではありませんでした。セーラムで暮らす人々のだれもが意気消沈していました。

春が来ないと、畑の準備ができません。家畜も季節外れの寒さにやられて病気になってしまいます。捉えどころのない不安が町全体を覆い始めていました。春がなかなかやって来ないのは、町の人々にとって、不吉なことが起こる予兆なのです。

（＊訳注）現在の米国マサチューセッツ州ダンバース。

悪魔がセーラム村にやってくる！

そんなときです。パリス牧師の娘ベティと、町に住むいとこのアビゲイル・ウィリアムスの二人の少女が、悪魔に乗り移られて、魔女になってしまったという噂が町に流れました。その上、パリス牧師の家が悪魔に乗っ取られたというのです。

ベティ・パリスは8歳で、彼女のいとこアビゲイル・ウィリアムスは11歳でした。2月の終わり、二人は突然、奇怪な行動をとります。

身体をおかしな形によじって、洋服を引き裂き、舌は口からダラリと飛び出して、大声で叫び、うめき声をあげました。街中を四つん這いになって動き回り、泣き叫びながら、悪魔に痛めつけられている、と訴えました。そして突然、目を開けたまま道端に横たわると、意識を失ったかのように固まって動かなくなったのです。

パリス牧師はウィリアム・グリッグスという医師を呼び寄せて、二人の少女を助けてほしいと懇願しました。

グリッグスは、少女たちの状態を見ると困惑し、不安を隠せませんでした。医学の知識で説明できる、通常の肉体的な疾患ではないからです。彼は、なんらかの超常現象によって引き起こされたと結論付けるしかありませんでした。

この状況にベティの父親パリス牧師は困惑しました。教会の集会で信者たちから強烈な反発が出ることを恐れたのです。

そこで、ビバリー近くに住むジョン・ヘイル牧師を呼びました。ヘイル牧師は実際に魔術を何回か見たことがある人物だったので、彼に助けを求めたのです。

二人の少女の様子を見たヘイル牧師は、グリッグス医師の判断が正しく、少女たちは魔女に乗り移られたのだと言いました。そして、これは悪魔がセーラムにやってくる予告だと断言したのです。

「悪魔を差し向けたのは、バルバドス島からやってきたティテュバだ！」

4歳のホームレス、ドロシー・グッドにとって、そんな町の暗い噂話はどうでもよいことでした。そんなことより、今この瞬間の空腹をどうやってしのぐかで頭はいっぱいでした。それに、今夜、母親と二人で寝泊まりする場所も探さなくてはなりません。妊娠している母には、もうすぐ生まれてくる妹か弟の名前を考えるようにも言われているのです。

ドロシーの無関心をよそに、ベティとアビゲイルの奇怪な症状は、町中に知れわたり、セーラム村の人々は、町全体が悪魔にとり憑かれるという噂で大騒ぎです。

そんなタイミングで、またもう一人、別の女性がベティやアビゲイルと同様に、悪魔に苦しめられていると訴えはじめたのです。甲高い声で叫びながら顔をゆがめ、身体をねじりながら、悪魔につねられ、ひっぱられ、首を絞められて苦しいと訴えたのです。

女性は、悪魔は背が高い黒い顔をした〝のっぺらぼう〟の男で、背中から羽根が生えていると証言しました。

ベティとアビゲイルも尋問を受けました。どんな悪魔に乗り移られたのかを何度も質問されました。このときアビゲイルは、自分がベティに呪いをかけた犯人にされたら、きっと死刑だと思い、恐怖心にとらわれたのでしょう。彼女は、思わずこう答えてしまいます。

自分たち二人をこんな目に遭わせたのは、バルバドス島のサトウキビ畑から家族でやってきて、パリス家に仕えるティテュバ・インディアンだと……。

ティテュバと魔法のケーキ

アビゲイルはティテュバを非難して言いました。

彼女は、二人のところにやってきて、身体を押さえつけて息の根を止めようとしたと。ティテュバは、悪魔の呪いを熟知していて、その魔術によって二人は奇怪な行動を取るように呪いをかけられたと主張しました。

なによりの証拠は、ティテュバが魔女のケーキを二人に作ったことでした。

ベティ・パリスとアビゲイル・ウィリアムスが突然、奇怪な行動をとったとき、パリス牧師はウィリアム・グリッグス医師とジョン・ヘイル牧師に助けを求めたところ、彼らは二人の少女が悪魔に呪われたのだと判断しました。

それを聞いた、ティテュバ・インディアンは、魔法のケーキを使えば二人がどんな呪いをかけられたのかを調べることができると、提案しました。ティテュバは、少女二人の尿を少量集め、ライ麦にそれを混ぜてケーキを作りました。1692年2月25日のことでした。

つまり、この魔法のケーキを犬に食べさせるとその反応で、だれが二人に呪いをかけ、二人がどれほどの危険にさらされているかを見極めることができる、という提案でした。

ティテュバはバルバドス島に住んでいたころから魔術に精通していたわけではありません。セーラムに移住してきた後に、メアリー・シブリーという女性から魔法のケーキの作り方を習ったのだと言いました。そして、だれが魔女なのかを知るために、このケーキを使うとよいと勧められたとも話しました。

しかし、この魔法のケーキが、最終的にティテュバが魔女罪に問われるきっかけになってしまうのです。言うまでもなく、ティテュバを魔女として罰するのが、だれもが納得する展開だったのでしょう。

一方、ティテュバに魔法のケーキの作り方を教えたメアリー・シブリーは、教会でパリス牧師によって公開の場で拷問を受けます。そして、今後、事件について一切しゃべらないことを誓約させられるのです。

こうして、〝魔法のケーキ〟は、ティテュバが魔女であることの決定的証拠として使われることになったのです。

ひとたび魔女の疑いを掛けられると……

魔女の娘は、魔女に違いない

パリス牧師とヘイル牧師の元にティテュバが連れてこられました。そして二人の少女に呪いをかけたのが自分だと自白するまで、拷問がつづいたのです。

「はい、私は魔女です」

「はい、私が、悪魔の書にかかれた呪いを、二人にかけました」

しかし、彼女も訴えます。自分も悪魔に乗り移られて、悪魔の言うとおりに行動をしなければ、自分が悪魔から拷問を受ける運命だったと告白したのです。

そこで、ヘイル牧師とパリス牧師は、ティテュバに呪いをかけたのがだれかを執拗に追及しました。

「名前を言うんだ！　だれなんだ！」

何度もこう責められて、ティテュバはついに、自白します。

「サラ・グッドです。サラ・グッドが私の首を絞めながら、悪魔の言うとおりにしないと、首をもっと絞める、といったのです」

そう、セーラムで幼い娘を連れて、日々物乞いをして生きている女です。

「物乞い女のサラが、魔女なのです」

ティテュバは言いました。

牧師たちは、サラ・グッドという名前が出たあとも、ほかにも魔女がいるのではないかと、ティテュバを責めつづけました。ティテュバは彼らの拷問と非難に耐え切れず、そのほかにも名前を挙げました。

こうしてサラはティテュバの証言により牢屋に監禁され、娘のドロシーは一人、道端にとり残されたのです。

ティテュバは多くの名前を告白したことで、減刑になりました。しかし、その一方でサラは監禁され厳しく追及されますが、尋問に屈することはありませんでした。その間、ほかの囚われた者たちが、サラの娘のドロシーの名前を挙げたため、ドロシーも捕らえられ、3日3晩にわたり尋問を受けたのです。

裁判に立ち会った教会の元牧師、デオダット・ローソンは、次のように確認したと証言しました。

「判事と牧師たちに伝えられたところによると、サラ・グッドの4～5歳だと思われる娘を取り押さえ、事情聴取をしたことを確認した。その結果、この娘が苦しんでいる人々を一瞥し、さらに苦しみを与えたことが事実であると、満場一致で評決した」

母親サラが魔女であれば、娘であるドロシーも魔女である、とむりやりこじつけられたのです。

魔女の告発と取り調べ

17世紀後半のニューイングランドの入植地では、ウィッチクラフトを行った罪で告発された人間は、まず地元の牧師や医者の尋問を受け、さらにその後、裁判所の判事による事情聴取が行われました。

そもそも、彼ら、彼女らは、いったいどのようなことがきっかけで告発されたのでしょうか？

「近所に住む人が、何人も病気になった」
「気候が、急激に変化した」
「ひとり言を言う姿を、頻繁に目撃された」

「しょっちゅう大声で歌ったり、踊ったりしている」

こんな出来事が周囲で起きたり、こんな行動が目撃されたりしただけで、告発されたのです。

では、尋問では、どんなことを訊かれたのでしょうか?

「いつから、魔女として生きているのか?」

「悪魔の書に署名、契約したのは、いつのことか?」

明らかに、魔女であることを前提にした誘導尋問が行われました。

また、聖書からランダムに選んだ一節を使って、誘導尋問が行われることもありました。しかし、たまたま選ばれた聖書の一文が魔女の誘導尋問にそぐわない内容だったときなどは、それすらも魔女の所業として責められることもありました。

こうした一連の尋問をクリアするまで、長期間にわたり拘束され、尋問は何日にもわたり連日つづけられました。そして、それでも罪状を明らかにできないときは、尋問が拷問へと変わるのです。

魔女を見極める究極のテスト

悪魔であるかどうかや、悪魔の魂に乗り移られているかどうか、あるいは魔女の使い魔であるかどうかなどを判断しようとするとき、その正体を暴くために用いたのが「魔女テスト」でした。

まず、魔女であることの証拠を探すために、多くのケースでチェックされたのは、皮膚の状態でした。ホクロや湿疹、水泡などが見つかると、それらは悪魔の乳首であると判断され、悪魔や魔女である証拠とされました。

また、水泡やホクロの色や形が変化したり、水泡やホクロが皮膚上に現れたり消えたりするなどの兆候がある場合、悪魔がその人に完全に乗り移った証拠として扱われました。

そのほかに、水責め（ウィッチ・ダッキング）という魔女テストもありました。

1706年にニューイングランドでグレース・シャーウッドという女性が魔女であると告発されたときのことです。彼女の身体に2カ所の皮膚の疾患が見つかったので、裁判官は彼女に水責めテストを与える決断を下します。

7月10日、グレースは太いロープで腰の辺りを縛り付けられ、そのロープの両端を二人の男が持って池の中央まで連れて行かれました。そのまま池の中に沈められるのです。溺れ死んでも不思議ではないこの状態で生きながらえたり、身体が浮いてきたりしたら、魔女だと判断されました。テストをくぐり抜け、生きのびた挙句に死刑を求刑されるのです。

グレースは裁判中、このテストを2回実行されたと言われています。ただ、裁判の結果がどうなったかについては、なにも記録が残っていません。

だれ一人として罰を受けるべき罪を犯した人間はいない

夏になって、サラが牢屋のなかで出産をしたころ、魔女であると告発されたブリジッド・ビショップの絞首刑が執行されました。そして、そのあと絞首刑になる人が次々に決まっていきました。

サラ・グッドにレベッカ・ナース（ヒーラー）、エリザベス・ホウ、スザンナ・マーティン、サラ・ワイルドの5人は、7月19日に一斉に絞首刑にされることになりました。

7月の夏の陽ざしが照りつける日、サラ・グッドは絞首台に立たされました。彼女は最後まで自分が魔女だと認める証言を拒否したのです。生まれたばかりの赤ん坊と娘のドロシーのことを想い、悲しみと恐怖に苛まれながらも、死を受け入れる最期の瞬間まで、意志を屈するこ

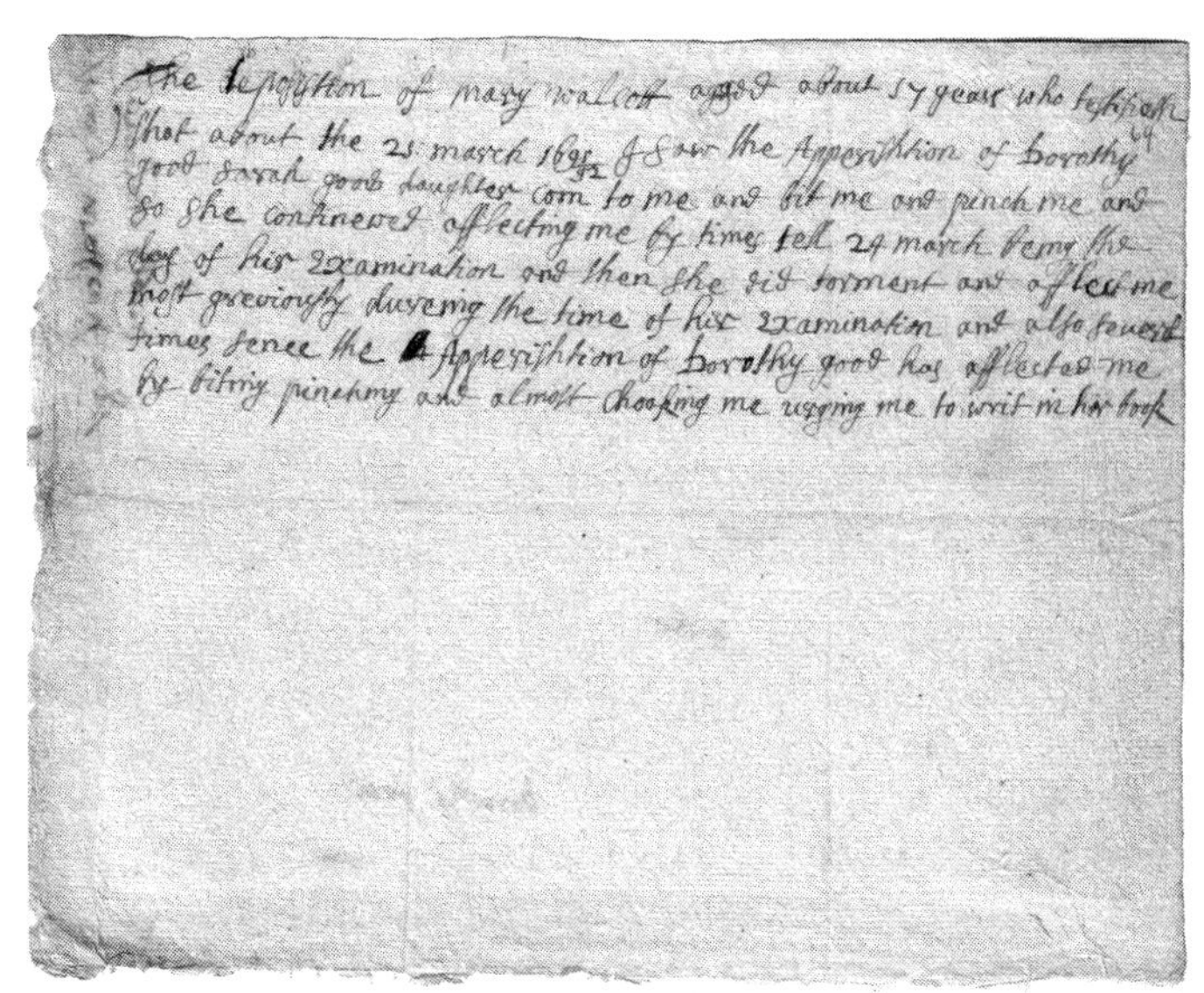

The deposition of mary walcott aged about 17 years who testifieth
that about the 21: march 1691/2 I saw the Apperishtion of dorothy
good sarah goods daughter com to me and bit me and pinch me and
so she continued afflecting me by times till 24 march being the
day of her examination and then she did torment and afflect me
most greviously dureing the time of her examination and also severall
times sence the Apperishtion of dorothy good has afflected me
by biteing pincheing and almost choaking me urgeing me to writ in her book

セーラムの魔女裁判で実際に提出された手書きの宣誓書

となく、真実を貫き通したのです。

「大うそつき！」

絞首台の目の前で見つめるパリス牧師に向かって、サラは叫びました。

死への恐怖で身体はガタガタと震えていましたが、自分を魔女扱いするパリス牧師への怒りが収まらなかったのです。

絞首刑を見つめる群衆の後方には、馬にまたがり、悠然とその様子を見守る権力者、コットン・マザー牧師がいました。彼女はマザー牧師にも罵声を浴びせました。

「わたしが魔女だったら、あんたは魔術師よ！　あんたがわたしの命を奪ったら、神は罰として、あんたの血をすべて飲み干してしまうでしょう！」

サラ以外の、死刑を宣告された人々の多くは、自分が悪魔に乗り移られたことを認めました。こうして、１６９２年の夏から秋にかけて、19人の女性が魔女罪で絞首刑にされたのです。ヒーラーや農婦などの一般の市民で、だれ一人として罰を受けるような罪を犯した人はいませんでした。

サラ以外にもう一人、信念を貫いた人物がいました。年老いたガイルス・キャリーです。彼は沈黙を貫きとおしたため、大きな岩を身体の上に積み重ねられて死んでいきました。

自由を手にするか、7ポンドで売られるか

サラが牢屋で出産した新生児はマーシーと名づけられました。でも、サラが絞首台で命を絶たれたのち、５歳で亡くなったということです。

一方、ドロシーは、１６９２年3月24日から12月10日まで、９カ月にわたり牢屋内でチェーンにつながれていたことが記録に残されています。彼女の保釈金50ポンドをだれかが支払って釈放されました。

そのころの彼女は、だれの目にも気がふれたと映ったようです。母親を絞首刑で失った幼い彼女の状況を冷静に考えてみれば、今でいう外傷性ストレス疾患だったと考えてよいでしょう。

この時期セーラムで告発された子どもは、ドロシーだけではありませんでした。そのほかに12歳以下の子どもが8人ほど監禁され、すべてが魔女の罪に問われました。

また、魔女狩りがもっとも酷かった時期には、監禁されたまま裁判を受けるのを待ったり、刑の執行を順番待ちしたりする人たちが、なんと200人を超えたといわれています。

ある日、政治家の妻が魔女罪で監禁されたときのことです。こんな残酷な騒動は、もうたくさんだと訴える人たちが出てきたのです。権力の近くで冷静に物事を考えられる人々がようやく立ち上がったのです。町の人々はこの行動を支持しました。そのために、狂気の魔女狩りを強権的に推し進めたコットン・マザー牧師も、ついに権力の座から引きずり降ろされることになりました。

監禁されたまま刑の執行を待たされていた人々は、この年の冬までには、徐々に釈放されていきました。しかし、いったん傷つけられた名誉を回復するのも、奪われた自由を取りもどすのも簡単ではありません。まして死刑判決によって心の中に植えつけられた恐怖心を拭い去るには相当な時間を要したでしょう。

自由を得ることは、時にとても複雑で心が痛む、悲惨な現実を伴います。釈放されれば、たしかに自由を手に入れることはできます。でも、そこには対価が伴います。自由をえるために保釈金という大金を支払わなければならなかったのです。

そういえば、あのティテュバ・インディアンは、その後どうなったのでしょう。いちばん最初に監禁され、もっとも長く牢屋に閉じ込められていました。彼女を釈放する権限を持っていたのはあのパリス牧師でした。

ティテュバは13カ月という長いあいだ監禁されたのち、7ポンドで売られたと記録されています。彼女のもとには、永遠に自由はやってこなかったのです。

悪魔の「剣」から身を守る悪魔の「盾」は許されるか⁉

さて、この悲惨なセーラムの魔女狩り事件において、ありとあらゆる魔術がすべて排斥されたわけではないことを、一つ付け加えておきましょう。

セーラムは敬けんなキリスト教信者が多く住む町ですが、同時に、この町には伝統的な古典魔術やヒーリングの教えを大切にする人々も多く住んでいました。

その一人にロジャー・トューヘイカーという人物がいました。セーラム裁判で監禁された魔術師の一人でもあります。

彼はセーラムの町はずれで、小さな農園を営みながらヒーラーとして奉仕していました。彼は魔女の脅威から身を守るためのお守りを持っていたために何年にもわたり追及を受けました。そして古典的なお守りと伝統的な魔術を妻のメアリーと娘に伝授したことがきっかけとなって、とうとう監禁されることになったのです。

でも、彼は、強く反論します。娘がコルドロン（大釜）で、爪と針と自分の尿を煮込んでいたのは、悪魔を殺す魔術を行うためだったと主張したのです。

結局、ロジャーは監獄で裁判を待つあいだに亡くなりますが、妻と娘はその後も生き延びて、ロジャーから受け継いだ魔術を行いつづけたのです。

このトューヘイカーの裁判は、ヒーリングをもたらす魔術と、厄災をもたらす魔術の境界を議論する機会となりました。

じつは、この裁判でロジャーを辛抱強く支援した人物がいます。ニューイングランドの牧師のコットン・マザーです。そう、セーラム事件で魔女狩りを先頭に立って推進したあの冷酷無比な聖職者です。彼はこの裁判で、ロジャーの死刑執行が免除されるように働きかけを行いました。そのとき彼は、ロジャーの行為を擁護して、こう主張したのです。

「悪魔の剣に対する悪魔の盾なのだ」、と。

名誉は回復されたのか？

１６９２年にセーラムで起きた常軌を逸した魔女狩りから20年ちかく経った１７１１年のことです。当時、巻き添えとなった人々やその遺族に補償金が支払われることになりました。名前は公表されることなく、本人、家族のみに直接連絡されました。もちろん、該当者全員を把握できるはずもなく、連絡がつかない対象者が大勢いたのは当然でしょう。しかし、補償金を受けとるために、自ら名乗り出る人や、過去に忌まわしい罪を背負わされた事実を自分から公にさらす人はいませんでした。

それは彼らにとって、どうしても守りたい人間としての誇りであったのでしょう。また同時に、補償金のオファーを投げかける治安判事などに、もう二度とかかわりたくない、という意思表示でもありました。

セーラム事件に当初からかかわった牧師ジョン・ヘイルは『A Modest Enquiry into the Nature of Witchcraft』（魔女の特徴に関する審問書）という出版物を１７０２年に刊行しました。これは、当時の裁判の状況や尋問の方法などについて記録や証言に基づいて書かれたものですが、事件からわずか10年後の当時の人々にとって、これを読む心の準備はまだ整っていいな

法廷では奇怪な出来事がたくさん起きたという

かったと思えます。

さて、話は1992年に飛びます。魔女狩りから300年という歳月を経たニューイングランド・セーラムの地に記念碑が建設されました。かつて魔女として罪人扱いされた人々の名前が記念碑に刻まれたのです。

さらに2001年には、マサチューセッツ州は、当時の〝犠牲者〟に5名を追加すると公式発表し、彼らの潔白を明らかにしました。

この発表は、ハロウィーンの日に3000人の群集が見守るなかで行われました。そこには、かつての〝犠牲者〟の子孫の姿がありました。真っ先に絞首刑になったブリジッド・ビショップをはじめ、アリス・パーカー、ウィルモット・レッド、マーガレット・スコット、スザンヌ・マーティンらのゆかりの人たちです。
そこにサラ・グッドとドロシー・グッドの名前が含まれていたのかどうかはわかりません。おそらく、彼女たちには、被害者となった事実を証明してくれる家族も子孫もいなかったのでしょう。

悪魔を世界に拡散した真犯人はだれだ⁉

1542年にイギリス政府は魔術を行う者に〝重罪として死刑を課し、家財を含むすべての所有物を没収する〟という法律（ウィッチクラフト法）を施行しました。

ここで注目したいのは、政府は彼らの命だけを奪ったのではないということです。すべての財産を奪い取り、残された子どもたちや家族、子孫にまで苦悩を強いたのです。そして取り上げられた所有物は政府、あるいは王の財産として扱われました。これは多くの事実が証明しています。

初期のニューイングランドでは、強欲な人々によって土地や所有物を横取りする風潮が横行していました。したがって、子どもや家族など身寄りのない独身の女性は、彼らにとって魔女の罪を着せ、財産を強奪する格好のターゲットだったのです。

スコットランド王のジェームズ6世（イングランド王としてはジェームズ1世）は、1597年に『Daemonologie』（悪魔学）という本を出版しました。彼はこの本の中で、魔術は〝世界の中でももっとも過激な場所〟で広まっていると主張しています。過激な場所といったら、それは植民地であり、教会が少ない郊外、つまりペイガンが多く住む地域と理解していいでしょう。

当時、植民地は魔女が多く潜む場所として疑いの目を向けられていました。そのため、神を信仰する社会からは反感を持たれていたのです。

ジェームズ6世がイングランドとアイルランドの王位に就いた翌1604年のことです。議会は〝魔法や呪文、ウィッチクラフト、悪魔や悪魔に取り憑かれた魂、これらを扱うことに反対する決議〟を行います。これによって、英国人の入植地における魔女狩りが正当化され、同時に魔女を死刑にすることが公式に認められたのです。

魔女を生かしておいてはならない！

ジェームズ1世は、こうしてイギリスだけでなく、ドイツ、フランス、そして最終的にはアメリカの入植地において魔女狩りで何千人もの男性と女性、そして動物たちの命を奪った非難

される べき人物です。
彼は、魔女を排除するための法律をより強化し、広めただけでなく、王の在位期間に欽定訳聖書の編纂を命じた人物でもあります。この欽定訳版の旧約聖書22章18節にはこう記されました。

魔女を生かしておいてはならない
〝Thou Shalt not suffer a witch to live〟

これが規則として記されたのです。

英訳された旧約聖書にこの一文が登場するのはこれが最初でした。そして、やがてキリスト教の本のなかでもっとも引用される一節となります。

しかし、ヘブライ語で記された旧約聖書の原版には、この記載はありません。ヘブライ語からの誤訳によって生じたものです。

さらに聖書の原本には、魔女に関する記載は一切ありません。代わりに、カサフ（chasaph）という言葉が記されていて、これは現代の言葉でもっとも近い表現を探すとすれば〝毒殺者〟とか〝毒を使う殺し屋〟という意味になります。魔女と毒殺者はなんの関係もありません。

しかし、ジェームズ1世は為政者として自身の欲望を満たすために、また、魔女狩りを行う法律の正当性を担保するために旧約聖書の一部にこの一節を潜りこませたのでしょう。

魔術の罪で告発されたセーラムの牧師

彼が在位中、彼の考え方に反発する人物もいました。リゲナルド・スコットは『The Discoverie of Witchcraft』（魔女の発見）という著書の中で、この言葉（カサフ）がジェームズ1世の身勝手な解釈による誤訳であると指摘しています。その批判を受けたジェームズ1世は、スコットの著書すべてを焚書、つまり公開の場ですべて焼却してしまったのです。

結局、この一節は、聖書の一部として、人々に受け入れられることになります。神の御言葉として理解され、誤訳されたままドイツのルーテル聖書として出版され、フランス語でも翻訳されました。

旧約聖書に、魔女を生かしておいてはならない、という神の言葉が書かれているかぎり、キリスト教を信仰する人々は、当然のように魔女の脅威に対して恐怖心と嫌悪感を強烈に抱くことになります。

そしてこれがニューイングランド・セーラムで起きた魔女狩りへと発展するのです。セーラムの町の議会や裁判では、このフレーズが判事や人々によって繰り返し引用されていました。

聖書の一部でこのような歪曲が行われなければ、多くの男性や女性、子どもたちがいわれなき罪で監禁されることも、焼き殺されることもなく、むろん動物たちも抹殺されることはなかったでしょう。

もし、ティテュバが、この魔術をベティとアビゲイルに使っていたら、魔女といういわれなき罪で町の人々を告発するのをやめさせることができたかもしれません。そして、セーラムの町に、これほどヒステリックな殺戮を招くこともなかったでしょう。

ただ、このおまじないを使ったとしたら、真実までも封印することになったかもしれませんが……。

魔術の実践……5
「口封じのボトル」

セーラムの町があるニューイングランド地方は、ピューリタン宗派が集まる入植地で、現在でも古典的な伝承魔術が存在しています。

ここで紹介するスペル「口封じのボトル」もその伝統的な古典魔術のひとつです。玄関にボトルを吊り下げたり、玄関の前に埋めたりして、家の中に入ってこようとする邪気（呪いや病気）を、小さな小瓶に封じ込める魔術といわれています。

このようなお守りを使う魔術は今日でも世界中のあらゆる国で活用されていて、文化や地域によってさまざまなバリエーションがあります。シンプルな〝小瓶〟スペルは不要なエネルギーや邪気を封じ込めるだけでなく、人々のあいだに広まるゴシップ（噂話）やネガティブな言葉も封じ込めてくれます。

読者の皆さんがこのスペルを日常的に使うようなことがないように願っています。

⊙用意するもの

・フタのついた小さな瓶
・ヘマタイト、オブシディアン、オニキス、スモーキークオーツクリスタルなどの小さな石

⊙手順

①自分が光の輪に包まれているビジョンをイメージしましょう。
②ビジョンに集中し、感情を落ち着かせ、心がクリアになっていく様子を感じましょう。
③用意した小瓶のフタをあけて、小瓶に向かって次のスペルを3回または3の倍数回、唱え

ます。

スペル（呪文）

静まりたまえ
止まりたまえ
傷つくことなかれ
憎しみの言葉はこのなかへ
痛みが消え去りますように
だれも傷つけることなく憎しみは消え去ります
そして、この呪文とともにわたしは前進します

Be Silent
Be Still
I wish you no ill
Into this your words of hate

Fall harmless nad dissipate
They are gone, they do no harm
I move on, this I my charm

④小瓶の中にヘマタイト、オブシディアン、オニキス、スモーキークオーツなど用意した小さな石を入れます。ストーンがもつエネルギーはそれぞれ異なりますが、この魔術ではどれも同じ効果をもたらします。

⑤フタはせずに、ボトルに紐をつけるなどして、玄関や軒下に吊るしましょう。家の中に入りこもうとする不要なエネルギーやネガティブな霊体をこの小瓶が捕まえてくれます。

⑥3日間ほどそのまま放置したら、フタをして封じこめましょう。

⑦この小瓶を別の機会に再利用するときは、フタを開けて塩を少量、小瓶の中に入れ、同じ手順を繰り返します。

6章

★★★★★★★★★

世界でもっとも〝邪悪な男〟
アレイスター・クロウリー

抑圧の時代の反逆者

ロンドンのソーホーにある細く狭い、薄暗い道を一人の若い女性がバイオリンのケースを片手に歩いています。帰りが遅くなったら、この暗い道を一人で歩いて帰らなくてはならないと思うと、ほんの少し不安が頭をよぎります。

それでも、彼女の心はウキウキした気分で満たされていました。なぜなら、彼女のバイオリンの才能を開花させてくれるかもしれない人物と会う約束があるからです。彼女の中に眠る才能を発掘し、アーティストとして世に出して、彼女が本来望む人生を後押ししてくれるかもしれない人……。そう思うと、約束の場所へ向かう彼女の歩調は、いつの間にか軽快になっていました。

その人物は、ゴツゴツした顔つきで背が高く、彼女に会うと大げさな身振り手振りで一礼しました。

「ようこそ、マイ・レディー!」

彼女を室内へ招き入れると、早速、彼女になにか演奏するように伝えました。

この女性こそが、後にアレイスター・クロウリーの愛人となるオーストラリア人のバイオリニスト、レイラ・ワッデルです。

お決まりの劇場コンサートに飽きあきしていたロンドンの上流階級の人々に向けて、二人は新しい風を吹き込む独自のスタイルで、古代ギリシャの儀式を再現したステージショーを企画し、金儲けを企んだのです。

「アルテミスの儀式（Rites of Artemis）」と「エレウシスの儀式（Rites of Eleusis）」と題されたシリーズ名で公演され、レイラ・ワッデルはギリシャの女神ミューズ役で出演しました。クロウリーはこの舞台で街中にセンセーションを巻き起こす一方で、彼は観客から莫大なお金を巻き上げることに成功するのです。

なによりも、偉大な魔術師であり、かつ自堕落なクロウリーの存在そのものが、当時の社会にとってはセンセーショナルだったのかもしれません。

彼が生まれ育ったビクトリア時代（1837～1901年）は、戦争に若者たちの死、人々の振る舞いや着るもの、そしてティーカップの持ち方といった作法に至るまで、国があるべき姿を指示する時代であり、クロウリーはこうした抑圧から開放されるために、不敬な言動や頑なに反逆する姿勢を世間に向けて発信する男でした。いわば、当時の社会に嵐を巻き起こす存在だったのです。

野獣と呼ぶにふさわしいこの男は、懲役刑を受けたこともあって、世間にとってきわめて厄介な存在でした。しかし、その一方で、当時の閉塞した社会に解毒作用をもたらす人物であったのも事実です。

アレイスター・クロウリーを理解するということは、彼が生きたこの時代を理解することにほかなりません。

神でありたいと願う少年

レイラ・ワッデルとクロウリーが世間を騒がせ、スキャンダルを撒き散らしたのは、このビクトリア時代の風潮がまだ色濃く残る時代のことです。

女性は肌の露出を極端に控えさせられた時代でした。そして男性は、ドレスでしっかり覆われた女性こそ、その裸体を想像するにふさわしい存在であり、そこに真のエロティシズムがあると考える時代でした。

アレイスター・クロウリーは１８７５年生まれで、エドワード・アレキサンダー・クロウリ

儀式用のローブをまとった
アレイスター・クロウリー

インスピレーションの源となった
レイラ・ワッデル

ーと名づけられました。父親は大きなビール工場を経営し、さまざまなビールを製造していました。同時に風変わりな思想の持ち主で、ミステリアスな組織として名高い過激なプロテスタント宗派プリマス・ブレザレンの指導者でもありました。

クロウリー一家は毎朝、毎晩、聖書を読み上げ、クリスマスを祝う風習を持たず、また家族の誕生日すら祝うことはありませんでした。

そんな父親をエドワード少年は誇りに思い、尊敬の念を抱いていました。父親もまた息子を自分の分身のように可愛がり、牧師も神父も不要であることを世の中に広めてゆくよう、ブレザレンの弟子として指導をしていました。彼らに不可欠なものといったら、それは神、という言葉、そして厳しく清純な生活だけだったのです。

父親はエドワードを溺愛し、自分に備わったカリスマ性と知的な性格を、息子にできるだけ受け継がせようとしました。

一方、母親は、エドワードのなかに、ある種の危険な資質を見抜いていました。父親に似たカリスマ性をもちつつも、感情に左右されやすい性格であり、ひとたび怒りの感情を爆発させると、だれも止められない暴走タイプであることを理解していました。

ようするに、父親がエドワードに教育を施す一方で、母親は息子を諌め、抑える親子関係を築いていました。

クロウリーが12歳のとき、父親が喉頭がんでこの世を去ると、クロウリーは神の象徴としての存在を母の中に見出そうとします。しかしこれが、母親とのあいだに大きな確執を生み、事あるごとに衝突へと発展するのです。

14歳のとき、クロウリーは初めて女性との肉体関係を経験します。相手はクロウリー一家に仕えるメイドで、なんと両親の寝室でセックスをしたのです。甘やかされ、過保護でわがままに育てられたクロウリーは、この時以来、セックスの快楽に目覚めると、淫乱放蕩の道へと入りこみます。そしてこうした行動を、後に宗教の教えの一部に関連づけていくことになります。セックスを通じて彼は神にどんどん近づく感覚を持っていました。その神の存在は、彼が今まで教えられた神でもなければ、聖書に登場する神でもありませんでした。

彼は父親のような存在になることを望んでいましたが、宗教（プリマス・ブレザレン）の思考にとらわれたわけではなく、自分自身の信念を優先させていました。彼は父親自身が神であったように、自らも神であることを望んでいました。

解き放たれた野獣の天性

自慰行為にふけり、オーガズムを求めて、メイドとのセックスに酔いしれる息子を、母親は〝野獣〟と呼びました。クロウリー本人は、そう呼ばれること自体に反発することはありませんでしたが、母親にそう決め付けられることを嫌悪したのです。

〝野獣〟、と呼ばれたことによってクロウリーのなかでなにかが目覚めます。自分は聖人ではなく、魔王ルシファー[*1]であると自らの天性を悟ります。セックスに酔い、そこからえるエクスタシーへの欲望を止めることができなかったのです。

クロウリーがケンブリッジ大学に入学し、家を出ることになったとき、母親は心底安堵しました。これで息子も、少しは分別のある人間になるだろうと信じたのです。

しかし、青年クロウリーの内なる意思と天才的な知能は揺るぎのないもので、彼が彼であるための道を断固として邁進することになります。

つまり、宗教とセックス、知力を統合し、反逆児として常識や道徳観に縛られることなく生きる道を進み、魔術界における比類なき思想家になることが、彼の強烈な野望でした。

そして、彼はエドワード・アレキサンダー・クロウリーから、アレイスター・クロウリーへと名前を変えたのです。名前を変更した理由について、のちにこう語っています。

「エドワードという名前は自分にはしっくりこなかったし、テッド（Ted）やネッド（Ned）（エドワードの略称ニックネーム）は、もっと軽々しく、自分に合っていない。アレキサンダーも長すぎる。アレキサンダーのニックネーム、サンディ（Sandy）はフワフワのブロンドヘアにソバカスをイメージさせる名前だ。

なにかの本で、有名になるためにもっとも相応しい名前は、ジェレミー・テイラー（Jeremy Taylor）のような、スポンディー（2つの母音の長い音節）に続くダクティル（母音の長い音節の後に続く短い2つ音節）で、ヘクサメトロス（6つの韻脚から成る言葉）で終わる名前だと書かれていたのを読んだ。

これらのすべての条件を満たしたのが、アレイスター・クロウリーだった。ことにアレイスターという言葉は、ゲール語でアレキサンダーを意味する。私の理想をすべて含む名前なのだ。

A-L-E-I-S-T-E-R という綴りも凶悪で残忍さをイメージさせる。だからこの名前を芸名として使うことにしたのさ。名前を変えることが、有名になるための欠かせない過程だと確信しているわけではないが、どんな名前にせよ、遅かれ早かれ変更していただろう」

こうして本名エドワードは埋葬され、アレイスターとして新たな人生を切り開くことになります。

（＊1訳注）ルシファーは旧約聖書イザヤ書に登場する。魔王サタンの別名で堕落前の天使としての呼称。

凶悪で残忍に、嫌気がさすほど非道徳的に

新しい名前で生きるようになると、その破天荒な生き方に拍車がかかります。

とんでもなく奇抜な格好で大学に通い、友人たちとチェスを楽しめば対戦相手を巧みな戦略で打ち負かし、ケンブリッジ大学の退屈な学内では暴れ回り、勉強する代わりに詩を書き綴る

日々を送り始めます。

また、クロウリーは、尋常ではない体力と運動神経の持ち主でした。泥酔した翌日、登山に、それも名だたる高山へと出掛け、ひどい二日酔いにもかかわらず難なく登頂を成功させるという離れワザをもやってのけます。のちに彼は登山家としても知られることになります。淋病を患ったかと思えば、世界チェス大会に出場して賞を取り、幅広い書物を読み漁る一方で、大学の勉強はといえば進級できるギリギリの単位を取得する有様でした。しかも酒に溺れ、さらなる姦淫を繰り返す毎日です。街に暮らすふつうの人々には、到底理解できない生活を送っていたのです。

クロウリーは、嫌気がさすほど非道徳的な自分の性格に自ら陶酔し、しかもそんな自分に確固たる自信を持っていました。

クロウリーの欲求の向かう先には、あたかも際限がないように見えます。

彼の性的欲求は、異性だけにとどまりませんでした。同性との性行為を試み、そこにも喜びを見いだすのです。この時代のイギリスでは、バイセクシャル（両性愛）は変態とみなされるだけでなく、男性同士の性行為は罪に問われました。もっともクロウリーにはそんな国の法律を気にかける様子はなく、己の欲望にのみに従って行動したのです。

こうした破天荒な経験の一つひとつが、のちの彼の宗教観を形づくることとなり、また、独自の信仰への道を切り開くステップとなっていきました。それはまるで、飢餓に喘ぐ男が、ほとんど食べ尽くした骨から、わずかな肉片すらしゃぶり尽す光景にも似ていました。

魔術への目覚め

クロウリーは1895年秋、ケンブリッジ大学に進学することが決まると、あのジェームズ・ボンドで知られるイギリスの秘密情報機関のひとつMI5の一員として、スパイ活動のトレーニングを受けるために、旧ロシア帝国のサンクトペテルブルクへ向かいます。当時の彼がスパイとして担った役割とその活動記録は文書で残されています。

彼のポートレイトを邪悪の象徴として描く人の多くは、クロウリーがドイツナチスのスパイであると主張しました。しかし実際には、クロウリーはイギリス政府から任務を与えられ、ドイツにおける諜報員として秘密情報を収集する任務に就いていました。

彼がこの世を去ったとき、着ていた服のポケットから、海軍情報機関の指揮官が彼に送った手紙が出てきました。おそらくこの方法が、彼の歩んだ軌跡を世間に確実に知らせる唯一の方法だと知っていたのでしょう。クロウリーは、世間や社会が彼に与える評判に一喜一憂することはなかったのです。

クロウリーには妹が一人いましたが、生後まもなく亡くなっています。母親の没後、父親が残した遺産を継承するのは彼一人となり、莫大な遺産を手にします。彼自身は、それを莫大な遺産、とは表現していませんが、少なくとも生涯働くことなく、好きなことに、好きなように使えるお金を手にしたのです。

クロウリーは、中産階級の一般的な社会の中で生きることに魅力を感じることはありませんでした。彼の人生は新たなる発見と発明、あらゆる意味での作品の創造だけに向けられました。

1897年ころからは、お金持ちだけに許される悠々自適な生活、つまり自由な時間を、自己満足のためだけに熱心に使い始めます。とくに彼の興味の中心にあったエロスに関する研究と、知識の習得には時間を惜しむことなく没頭しました。

フリーメイソンに入会し、メンバーの一人でもあったマグレガー・メイザース[*2]やアーサー・エドワード・ウェイト[*3]などの本を読み漁ります。

また、こうした研究の合間にクロウリーは旅行を楽しみ、登山に挑戦しました。なかでもアルプス山脈に連なる過酷な山として知られるメンヒの登頂に成功したとき、彼はもっとも神秘的で強烈な出来事を経験します。そのときの様子を彼はこう綴っています。

「今まで自分のなかに隠されていた天命についに目覚め、手に入れた。それは魔術の意味を理解することであり、それこそが天性でもあるということだ。その経験は恐怖と痛みの両方を伴うもので、精神的な苦痛でもあったが、同時にもっとも純粋で、聖なるスピリチュアル経験から得るエクスタシーでもあった」

登山であれ、セックスであれ、自分を限界ギリギリまで追い込む究極の体験を自ら求める生き方が、クロウリーの人生のトレードマークになりつつありました。そしてこの生き方こそが、自由意志にのみ従って生きる人間、つまり、人の心をつかんで離さないカリスマ性を備えた人間を作り上げていったのです。

（＊2訳注）マグレガー・メイザース（1854〜1918年）は秘密結社「黄金の夜明け団」の創設者のひとり。オカルティスト。初めてカバラについての文献『ヴェールを脱いだカバラ』を翻訳した。

（＊3訳注）アーサー・エドワード・ウェイトは「黄金の夜明け団」に入団していた文筆家。

マグレガー・メイザースとの出会い

クロウリーは悪名高い存在になることを大いに楽しんでいました。悪評が高まれば高まるほど、ヨハネの黙示録から飛び出した野獣だということを証明できるからです。

同時に、この時期、自らの意思ではないにせよ、秘密結社「黄金の夜明け団」のエリートメンバーを紹介され、最終的には創始者の一人であるマグレガー・メイザースに評価され、パリにおける結社の最高位に任命されるに至りました。クロウリーを社会の中で高い地位に任命することは、世の中にさまざまな混乱を招くことになります。

クロウリーは、一般社会において〝スパイ工作員〟という肩書き以外に、彼の存在価値を示すような肩書を持っていなかったので、そうした喧噪や混乱をむしろ楽しんでいました。つねにスキャンダルの渦中で生活しているように見えて、じつは当時のクロウリーは神秘の世界へとどんどんと引き込まれていたのです。

若き日のアレイスター。
万能のアスリートでもあった

数日間にわたり瞑想に没頭したり、メキシコでシャーマンと共に時を過ごし、ペヨーテ[*4]を摂取したり、ヨガの鍛錬のためにビルマを訪問したりしていました。

このビルマでのヨガ鍛錬は、後に機知に富んだ魅力的なヨガエッセイを執筆することにつながり、これが西洋にヨガ文化を広める発端となったと言われています。

ヒマラヤ山脈の世界第二位の高峰、K２（チョゴリ）の登頂に挑戦したときは、悪天候に阻まれて途中で断念せざるをえませんでした。豪雪のなかで高山病に罹り、それでも生きて下山できたのは、クロウリーがいかに強運の持ち主であるかを証明しているといってよいでしょう。

（＊4訳注）ペヨーテとは、メキシコ中部から米国テキサス州南部原産のサボテンの一種。幻覚をもたらす成分であるメスカリンを含有する。

クロウリー vs メイザースの魔術戦争

さて、ここでクロウリーと魔術の師であるマグレガー・メイザースの関係について触れておくことにしましょう。この二人は、後年、激しい魔術戦を繰り広げたことで知られています。はたして、クロウリーは、秘密結社「黄金の夜明け団」のマグレガー・メイザースに呪いをかけられたのでしょうか？

クロウリーの人生には、ネガティブなエネルギーが大きく関わっているとしか思えない出来事がいくつも起きています。たとえば、最初の妻ローズと、2番目の妻マリアは、どちらも施設で生涯を終えました。また、ひとり娘のリリスは夭逝し、愛人のひとりはガンに冒されて亡くなりました。それだけではありません。父母から相続した莫大な資産の消失もその一つと考えていいでしょう。

それを裏付けるかのように、クロウリーに対して呪いをかけたもっとも有力な〝容疑者〟はメイザースであると多くの文献が指摘しています。

ある日のことです。クロウリーがボレスキン・ハウス（Boleskine House）にいるとき、飼い犬が激しく吠えるのが聞こえました。ところが、その数分後にその鳴き声がぴたりと止んだのです。クロウリーは不審に思い外に様子を見に行くと、犬は不可解な死を遂げていました。クロウリーはこれがマグレガー・メイザースの仕業であると直感しました。

メイザースはかつてクロウリーに魔術を教えた師であり、親愛なる友人でした。それがお互いを毛嫌いするライバルの関係に変わっていたのです。

クロウリーは、メイザースがあらゆる手段を講じてがむしゃらに攻撃を仕掛け、クロウリーが創った新しいオカルト教団を破壊しようと必死だと信じて疑わなかったのです。その結果、クロウリーに対するメイザースの執拗で悪質な魔術が、さまざまな人によって語られることになります。ただ、真実はだれにもわかりません。

クロウリーの愛犬は本当にメイザースに毒を盛られたのかもしれないし、もしかすると、以前から病気を抱えていたか、あるいはただ単に突然死を遂げただけなのかもしれません。

真実はどうあれ、クロウリーはこの一件をきっかけにメイザースに対してサイキック・アタックを仕掛けようと試みます。ところが、クロウリーが復讐を実行する前に、メイザースは悪霊（デーモン）をクロウリーに送りつけます。

すると、クロウリーはその悪霊を鬼婆（オニババ）に変えてメイザースに送り返します。その反撃に対して、今度はメイザースが、クロウリーの家に住む召使いに催眠術をかけ、クロウリーの妻ローズを攻撃するように仕向けたのです。

この攻撃による打撃は予想以上に大きく、ローズは日常生活に支障をきたすほどで、その後の余生を施設で暮らさなければならない原因のひとつにもなったのです。

二人のあいだに生まれた激しい敵対意識と憎悪は、自分自身の健康はもとより、お互いの家族の健康や人間関係に亀裂を生じさせる攻防に発展したのです。

この戦いの最後は、クロウリーが悪魔を召喚して呪いの魔術をかけ、メイザースを完全に打ちのめすことで終わりました。魔術の指導者であるメイザースですら、クロウリーが召喚した悪魔を封じ込めることができなかったのです。

そして、メイザースの肉体なき今でも、彼のスピリットは、クロウリーにかけられた呪いと戦い続けていると言われています。

神々のメッセージと『法の書』

ヒマラヤ山脈の高峰・K2の登頂を目指した際に、〝死〟を間近に見るような経験をするなど、あらゆる破天荒な挑戦を繰り返し体験したクロウリーは、新たなステージへと踏み出します。

クロウリーは1903年に、友人ジェラルド・ケリーの姉妹だったローズ・ケリーと出会い、結婚します。ローズはクロウリー同様にわがままな放蕩娘でした。ただ、クロウリーと彼の魔術にはぞっこんで、二人は、それぞれに自分たちの自由を追求し、自己表現をすることに懸命でした。

新婚旅行でエジプトのカイロを訪れたときのことです。偉大なるピラミッドを訪問した際、クロウリーはホルス神が眠る古墳で、妻のローズをミディウムとしてホルス神を召喚しようと試みます。妻のローズはそれを止めようとしますが、間に合わず、彼女は完全にトランス状態に陥ってしまいます。

それを見たクロウリーは、すぐさま紙とペンを取り出し、トランス状態の妻が発する言葉を書きとめました。

「彼らは、あなたのことを、待っている。ここで、待っている」

彼女は同じフレーズを繰り返しながら、気絶してしまいました。

この新婚旅行から帰国して1カ月もたたないうちに、クロウリーは1冊の本を出版します。『The book of the Law』（法の書）と題されたこの本は、古代の神々とのチャネリングで得たメッセージのほか、一部は妻のローズをミディウムにして届けられたメッセージをまとめたものでした。クロウリーはこの著作を執筆したことによって、自分自身の魔術に対する自信を深め、魔術に向けるエネルギーをさらに高めるきっかけにしました。

アレイスター・クロウリーは自ら“パワフルな魔術師”として宣伝した

ローズとアレイスターはパリ経由でイギリスに戻り、ボレスキン・ハウスへと帰りました。

この家は、10世紀のスコットランド教会を18世紀に改装して、別荘に建て替えたもので、スコットランド北部にあるネス湖の端に位置していました。

この家で暮らし始めた二人に、待望の第一子が生まれたのは7月の終わりで、彼らは娘の名前をNuit Ma Ahathoor Hecate Sappho Jezebel Lilith Crowleyと付け、短くリリス（Lilith）と呼びました。

クロウリーは、結婚、出産というイベントを人生に加えたことで、すべてにおいて満たされていました。それまで自身が望むことすべてにおいて、とことん自分を追い込む生き方をしてきた彼にとって、また、近年はほとんどの時間をチャネリングワークに捧げてきた彼にとって、家族の存在がもたらす充足感はじつに心地よいものでした。

ボレスキン・ハウスとジミー・ペイジ

余談になりますが、クロウリーとローズが暮らしたボレスキン・ハウスに関するエピソードを一つ、紹介しましょう。

オカルト好きな人々とって、ボレスキン・ハウスは、ぜひとも訪ねたいリストの上位にかならず顔を出す心霊スポットです。英国・スコットランド北部にあるネス湖のほど近いところにあります。

空き家だったころ、この家にはさまざまな噂がつきまとっていました。不完全に終わった儀式の最中に悪魔が解き放たれて、呪いをかけられたという話や、それ以前の家主が処刑された家という説もありました。

クロウリーの熱狂的なファンとして知られるレッド・ツェッペリンのジミー・ペイジは、

１９７０年にこのボレスキン・ハウスを購入しました。[*5] そして、ジミーの幼馴染であるマルコム・デントが家の管理を任されて、家族とともにこの家に住んだのです。

マルコムはこんなコメントを残しています。

「一晩中、ドアが開いたり、閉まったりするし、知らないあいだに、だれもいない部屋のカーペットやラグ（敷き物）が、丸まっていたり、なんてことは日常茶飯事だったね。そんなときは、アレイスターが悪戯をしてるんだよ、とよく冗談を言ったもんだ」

一方ジミー・ペイジは、ボレスキン・ハウスについてこのように語っています。

「怪奇現象は、クロウリーとはなんの関係もないよ。それよりも以前から、あの家の波動は、良くなかったんだから……」

（＊5訳注）ジミー・ペイジは１９９２年までボレスキン・ハウスを所有。その後は他の所有者の手に渡り、ゲストハウスなどに利用されていた。２０１５年12月に原因不明の火災が起き、現在は廃屋となっている。

クロウリーが目指した未知なる世界

この本でクロウリーの人間性に触れた読者は、おそらく、だれもが彼を目の前にしたら尻込みしたくなるような人物だと感じたことでしょう。

彼を取り巻く評判は疑う余地なく穢れたものでした。彼の哲学も道徳的な観点から見ると、とても胡散臭いもので、儀式にはサディスティックな要素が多く含まれていました。

イタリアで行った儀式では、トランス状態に入りやすくするためにドラッグを多用していました。ただ、クロウリー自身が体験したことがないことを他者に強要することはなかったようです。

多くの人々は彼を激しく嫌いました。しかし、その一方で、彼の示す勇気と、技術や知識を得るための猛烈な努力、そして傑出した創造力に触れ、これらを疑う余地のない真実と受け止めた人たちは、彼を慕っていました。


クロウリーは、もっと新しい時代に生まれるべき人物だったのでしょう。

今、こうして振り返ってみると、彼が発する言葉や行動のすべてがその時代の最先端をいくものでした。

それを生みだす根底には、彼自身が内に秘める、過激でかつ過剰なエネルギーがあるのは言うまでもありませんが、このエネルギーは、彼の類い稀なる知力と体力、そして彼が保有した莫大な資産によって、上手に制御されていたように思います。

こうして、勇気あるお金持ちの探求家は、自分の国にとどまることもなく、つねに世界中を飛び回っていたのです。

この時期、クロウリーは人間の闇の部分を通り抜けた、その先にあるであろう〝光の世界〟へ行き着く方法に、ひらめきを感じていました。そして、その研究に、まさに没頭していました。はたして彼は悪魔主義者だったのでしょうか？　それとも魔術師だったのでしょうか？

ここに至るまでのあいだには、多くのオカルト研究者やクロウリーを信奉する人物たちが、さまざまな角度から彼に関する人物批評や評論を発表しました。しかし、彼らがクロウリーを的確に描くことはできませんでした。

クロウリーは、自分に向けられる愛や軽蔑、忠誠心に嫌悪、あるいは友情あふれる言葉に、敵意むき出しの批判など、すべての言動や感情を、研究の材料とし、自らの成長の糧としました。

彼らがクロウリーの生きざまに衝撃を受けたことは間違いないでしょうが、こうした書き手たちがクロウリーの真実を描こうとしても、クロウリーは既存の価値観やカテゴリーの範疇に収まる人物ではなかったのです。

クロウリーを襲う災いと魔術結社A∴A∴(銀の星)の誕生

クロウリーに並々ならぬ好奇心をいだいた人物のひとりにイギリスの小説家、W・サマセット・モームがいます。

彼が書いた小説『魔術師』(The Magician／田中西二郎訳　国書刊行会)は、クロウリーを題材にした風刺作品でした。モームは当時ロンドンで人気が急上昇中でした。クロウリーはモームのこの風刺作品をとても毛嫌いして、盗作だとしてモームを告訴します。

それに対して、モームは次のように反論しています。

「オリヴァー・ハドゥー(物語の主人公 Oliver Haddo)のモデルは自分だとアレイスター・クロウリーは主張しているが、それはまったくの勘違いだ。物語の主人公は、彼よりも見た目は洗練されているし、邪悪で冷酷な存在として描かれている。クロウリーが扱う魔力以上のものを主人公に与えている。明らかに別人だ」

訴訟という手段に訴えたクロウリーを揶揄するようなこのコメントに、クロウリーは激怒します。そして傷つけられた名誉を回復させようと躍起になるのです。

この裁判騒動は、彼をロンドンから離れることを困難にしました。それは、妻と暮らすボレスキン・ハウスに帰る頻度がめっきり減ることを意味します。家に残された妻のローズは、妻と過ごす時間よりも愛人（異性、同性含め）との時間を大切にし、また、妻よりも自分の名声を守ることに汲々とする夫の姿に落胆し、しだいに酒に溺れるようになります。おのずと夫とのあいだで言い争いが絶えなくなっていったのです。

実際にクロウリーは、裁判闘争にかまけただけでなく、才能ある芸術家を発掘するために、また、愛人である美しい男性や女性との時間を過ごすためにロンドンに滞在し、1カ月もボレスキン・ハウスを留守にすることがありました。

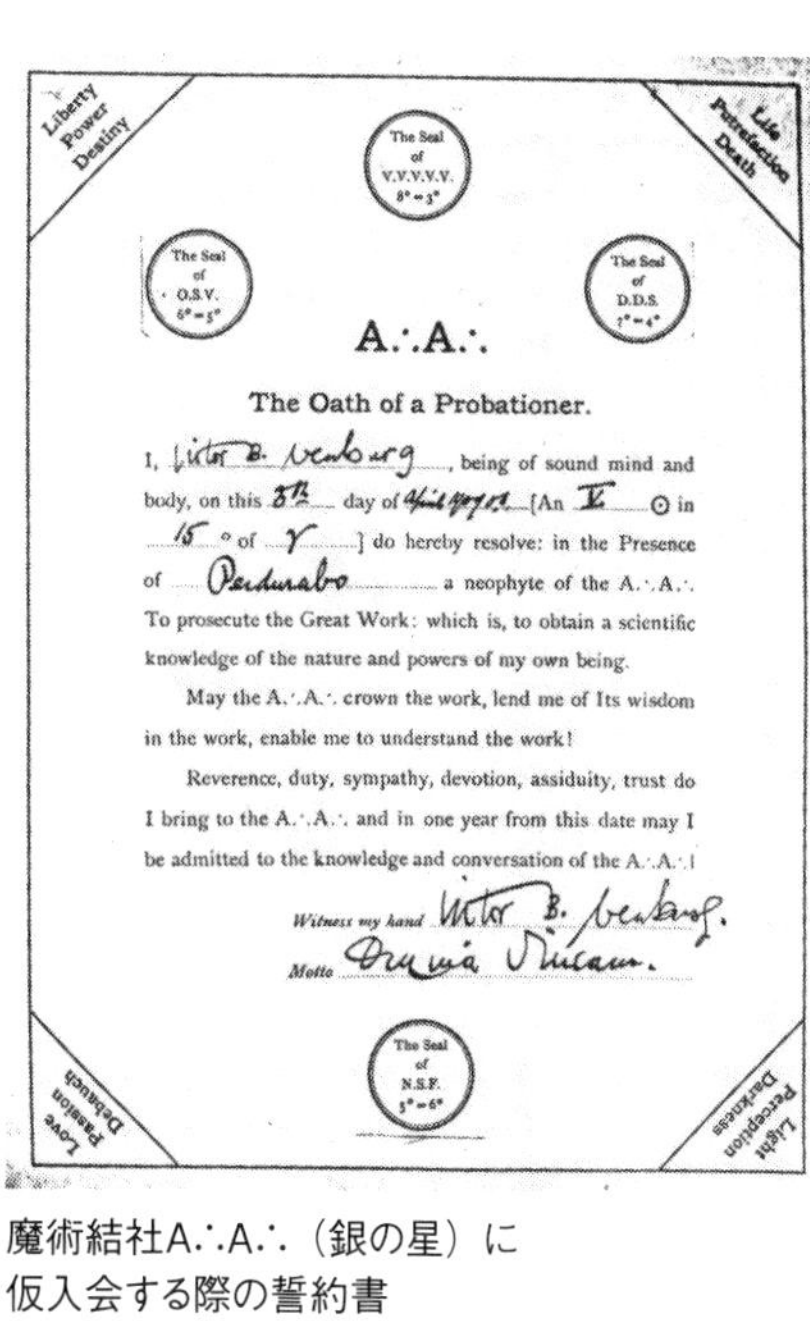

Liberty Power Destiny

Life Putrefaction Death

The Seal of V.V.V.V.V. 8°=3°

The Seal of O.S.V. 6°=5°

The Seal of D.D.S. 7°=4°

A.·.A.·.

The Oath of a Probationer.

I, Victor B. Neuburg, being of sound mind and body, on this 8th day of April 1909 [An V ☉ in 15° of ♈] do hereby resolve: in the Presence of Perdurabo a neophyte of the A.·.A.·. To prosecute the Great Work: which is, to obtain a scientific knowledge of the nature and powers of my own being.

May the A.·.A.·. crown the work, lend me of Its wisdom in the work, enable me to understand the work!

Reverence, duty, sympathy, devotion, assiduity, trust do I bring to the A.·.A.·. and in one year from this date may I be admitted to the knowledge and conversation of the A.·.A.·.

Witness my hand Victor B. Neuburg.

Motto Omnia Vincam.

The Seal of N.S.F. 5°=6°

Love Passion Debauch

Light Perception Darkness

魔術結社A∴A∴（銀の星）に
仮入会する際の誓約書

クロウリーと妻ローズの不和は、このW・サマセット・モームとの裁判よりはるか以前からはじまっていたようです。

1906年に夫妻が世界旅行に出かけたとき、旅の途中で二人は激しい言い争いをして、ローズは一人娘のリリスを連れてイギリスへ帰ってしまいます。

ところが、イギリスに帰り着く前に、ラングーン（ミャンマーのかつての首都ヤンゴン）でリリスが病気で亡くなります。

それを知ったクロウリーは、ローズを激しく非難したようです。その後、クロウリーは第二子をもうけますが、二人の関係はもはやこの時点で持ちこたえることができなくなっていたのです。

ローズとクロウリーの不和は1909年に離婚へと導くことになりますが、ローズはその後施設に移り住むまでは、ボレスキン・ハウスで生活を続けていました。

クロウリーはこうした家庭の不和や騒動を抱えながら、以前にも増してオカルトに傾倒しました。

独自の魔術結社「A∴A∴（銀の星）」を創設することを決心します。この結社は、「黄金の夜明け団」の思想を大きく取り入れたものでした。

また、その後も執筆を続けた『The book of the Law』（法の書）も完成し、後年、実質的に自ら創設することになる宗教セレマ（Thelema）の誕生へとつながってゆきます。

枯渇する資金

この章の冒頭で紹介したレイラ・ワッデルという女性のことを覚えていますか？　彼女とクロウリーは1910年に出会い、すぐさま深く愛し合うようになります。

レイラはクロウリーが制作した舞台「アルテミスの儀式（Rites of Artemis）」と「エレウシスの儀式（Rites of Eleusis）」というシリーズ公演にミューズ役で出演しました。ロンドンの富裕層の人々に向けて制作されたこの舞台によって、二人は独創的な存在として話題になり、愛されもしたし、敬意を表されもしました。しかし、その一方で、二人は軽蔑される存在でもありました。

なぜなら、クロウリーとレイラは、この公演で大儲けを企んでいたからです。クロウリーはどうしても成功させてお金を稼がなければならない事情を抱えていました。彼が父親から相続した遺産が底を突きかけていたからです。彼は人生において初めて、お金がないと成し遂げられないことがあるという現実に直面したのです。

クロウリーは、このころからつねに資金難という問題につきまとわれたようです。その後、第一次世界大戦がはじまると、彼は二十代のころ携わったスパイ工作員としての活動を再開させますが、その動機の一つに、やはりお金の問題があったようです。
彼の任務はイギリスの二重スパイとしてニューヨークに潜伏するドイツスパイの活動に潜入することでした。二重スパイであることを悟られずに、彼らからトップレベルの機密情報を引き出さなければなりません。そのために、間抜けな人物を装う必要もありました。彼はこうしたキャラクターを演じきることに、心底喜びを見出して楽しんだようです。

スパイ活動に従事したアメリカ滞在中、クロウリーは魔術師としての活動も継続しました。ニューヨークとワシントンを拠点にして、グリニッチビレッジからニューオーリンズまで安宿を転々としながら移動したこともあったようです。その間も、儀式を行う一方、アメリカの有名な雑誌「ヴァニティ・フェア（Vanity Fair）」に星占いの記事を書き、また、1909年にロンドンで創刊した「エクイノックス（The Equinox）」という雑誌の刊行も継続しました。これは、彼独自の宗教概念、セレマ（Thelema）の声を綴ったシリーズでした。

セレマの教えを実践するコミュニティーを夢見て

スパイ活動を終えてイギリスに戻るのは世界大戦が終結した翌1919年のことです。彼は相変わらず借金を背負った状態でした。崇拝者からの寄付に頼りながら、債権者に返済するためにボレスキン・ハウスの売却を迫られることになります。

また、生活が窮乏するなかで、世間は、大戦中のクロウリーがナチスドイツのスパイだったとして反逆者や裏切り者と罵り、敵対心もあらわに攻撃しました。

クロウリーは精神的に追い詰められ、肉体も冒されていきます。激しい喘息が彼を襲い、当時は唯一の鎮静剤として用いられたヘロインを医者から処方されます。当然のようにヘロインに溺れたクロウリーは、残されたお金をヘロインに注ぎ込んだのです。

「私は“黒魔術師”として告訴された。
これほどバカげた話は聞いたことがない。
低俗で、愚かな世論に嫌気がさす。
そんな人々の存在の中に真実を見いだすことはできない」
アレイスター・クロウリー

クロウリーにとって、故国イギリスは、もはや安息の地ではなかったのかもしれません。彼は二人の美しい女性とともに逃げるようにパリに移り住み、その内の一人とのあいだには子どもを授かりました。

クロウリーは精神的にも肉体的にも追い込まれたなかで、セレマ宗教のためのコミュニティーを作ることを夢見ていました。しかし、資金がありません。それでも最低限のお金をどうにかかき集めると、セレマ信仰者や友人、愛人たちを連れてイタリアへと向かいます。

そして、最南端シチリア島の小さな村に、セレマの僧院を設立したのです。1920年のことです。

ヨーロッパに平和が戻り、クロウリーはひとり孤独のなかに居ました。しかし、セレマの僧院は世間の低俗で愚かな干渉や批判を遠ざけ、自由に絵を描き、執筆活動を行う環境を与えてくれました。そしてなによりも、魔術の研究や実験、儀式、そしてセックスにヘロイン、ヨガ……、すべてはクロウリーの意志のままに行うセレマの世界をつくり出したのです。

セレマ宗教の信仰者のなかには、映画スターや有識者たちもいて、この地を訪れ、長期滞在する人もいれば、一日で帰ってしまう人もいました。

ある日、ひとりの青年が、自傷行為と汚染された水が原因で亡くなります。セレマの僧院で起きたこの出来事が遠くロンドンにまで伝わると、噂が噂を呼んで、〝性倒錯〟や〝セックス魔術〟、〝子どもの虐待〟、〝拷問〟といった犯罪めいた悪評で溢れかえります。

イタリア政府はこの事態を放置できないと考えたのでしょう。汚穢にまみれた〝野獣〟は僧院の設立からわずか3年で、国外追放の憂き目を見ることになります。

この時期、クロウリーは、みすぼらしく失墜した究極の状態で、狂気に満ちていました。

クロウリーを称賛する才能たち

クロウリーの人生や生活について、フィクション、ノンフィクションを問わず、じつにたくさんのストーリーがさまざまに描かれています。それらのなかで、唯一、共通して真実を突いていることがあるとすれば、それはこの時期のクロウリーが、お金を稼ぐために働かねばならない状況にあったということです。

ヘロイン中毒に苦しみながらも、執筆活動をつづけざるをえませんでした。財産だけでなく、健康も、神秘的な容姿も、すべてを失いかけていたクロウリーです。それでも、天才的な知能とカリスマ的な影響力だけは健在でした。

後年、年老いてからのクロウリーは、作家や芸術家、スパイ時代に知り合った友人たちと共同で活動をつづけました。そのなかには、イギリスの有名な作家、イアン・フレミングもいました。

また、親交が深かった友人の一人に、レディ・フリーダ・ハリスという、才能ある画家もいました。彼女は著名な政治家の妻でした。

フリーダとクロウリーは愛人関係ではなく、純粋に仲の良い真の友人関係を築いていました。魔術界の歴史に残る偉大な作品、『Thoth Tarot Deck（トート・タロット）』の制作を共同で手がけた人物でもあります。

このタロット・デッキは彼が生きている内に出版されることはありませんでした。しかし、今日では、数あるすばらしいタロット・デッキのひとつとして高く評価されています。作品全体が詩的で、しかも官能的でパワフルな魔術デッキです。

また、晩年のクロウリーの良き友人のひとりにジェラルド・ガードナーがいます。16世紀まで遡る血筋を持ち、その時代の魔術を受け継いで実践する魔女グループに正式入門を認められた人類学者です。

クロウリーの作品に魅了されたガードナーは、彼が当時執筆していた本を書き上げるために、クロウリーに手伝ってほしいと依頼します。

これが後にガードナーが出版した『Book of shadows』（影の書）となり、いにしえの時代から受け継がれてきた古典魔術の秘伝書となったのです。

世界でもっとも邪悪な男の最期

1947年は激動の年になります。

クロウリーの親しい友人の一人で魔術師のジャック・パーソンズが、アメリカ人のSF作家のL・ロン・ハバードにクロウリーの秘密の儀式のいくつかを暴露してしまいます。ロン・ハバードは、当時魔術の実践に傾倒していた人物で、のちにサイエントロジーという名で知られる宗教を創始しました。その結果、クロウリーのセレマ神秘主義的体系の思想が、女神ババロン（Babalon）のワークに取り込まれてしまうのです。

クロウリーはこの事態に恐れおののき、このときの無念さをこう綴っています。

「彼らのような、無骨な愚か者たちを理解しようとすればするほど、きわめて狂乱的な気分になる」

クロウリーの創造に向けるエネルギーは、衰えを見せるどころか、いまもって爆発的なパワーをほとばしらせていました。しかし、クロウリーの身体は、間違いなく死の影に捉えられ、刻一刻とその秋に近づいていました。

彼は晩年、イギリス、イーストサセックス州にあるヘースティングスという街で、ネザーウッドという名の宿泊施設にひと部屋を借りて暮らしていました。

宿泊費は、アーティストであるレディ・フリーダ・ハリスが支払い、彼女は、クロウリーために看護婦も雇っていました。

この地でクロウリーは、静かに、愛人と息子に看取られて生涯を終えます。

フリーダ・ハリスはクロウリーの死を知らせる電報を受け取ったとき、泣き崩れ、「とても寂しい」と、心境を綴っています。クロウリーの友人たちが、次々と彼の生涯に敬意を表明する一方で、新聞メディアは〝世界でもっとも邪悪な男が死亡〟とセンセーショナルな記事を書きたてました。

彼に死が訪れる間際に、雷光が空を駆け抜け、雷鳴がとどろいたと伝えられています。それが本当だとしたら、クロウリーの人生は、まさに、辟易するほど大げさな廻り舞台で演じられたひと幕だったのかもしれません。

12月5日、アーティストや科学者、神秘学者、オカルト信仰者など、既存の価値観や形にとらわれないさまざまな人々が、ブライトン墓地に集合しました。

集まった人々は、『Gnostic Mass』（グノーシスのミサ）から抜粋した一節、「パン（牧神）への讃美歌」を全員で朗唱し、最後はクロウリーが書いた著書のなかでもっとも有名な『The book of the Law』（法の書）の一部を読み上げました。

彼らの声は、キリスト教の墓地全体に対する挑戦のようにも聞こえました。近隣の住民はその声を聞いて憤慨し、ブライトン議会に異議を申し立てます。

こうして〝野獣〟の遺灰は、その後ひっそりと墓地から撤去され、最終的にはアメリカの地へ渡り、ある木の下に埋葬されました。

COLUMN

ビートルズとアレイスター・クロウリー

ビートルズの有名な曲のひとつ、「サージェント・ペパーズ・ロンリー・ハーツ・クラブ・バンド」のアルバムカバーの中にクロウリーの顔を登場させたと公言したのはジョン・レノンでした。

ジョン・レノンはインタビューで、〝ビートルズのすべてのアイデアは、やりたいことを表現してゆくこと、そして、それに責任を持つことだろ？〟と語っています。

〝汝の意志することを行え〟というセレマ唯一の法である思想をそのままに表現しています。

ジョンは1966年に、〝ビートルズはイエス・キリストよりも大きな存在になった、そしてキリスト教は終焉のときを迎えている〟と語って大騒動を引き起こしたことがあります。

今では、「サージェント・ペパーズ・ロンリー・ハーツ・クラブ・バンド」はアレイスター・クロウリーに捧げられた曲だと信じられています。

また、このアルバムの制作後、クロウリーがポール・マッカートニーの魂を乗っ取り、ポールの肉体を借りて転生して、現在も元ビートルズのロックスター、ポール・マッカートニーとして君臨している、と信じている人もいます。

もちろんなにが真実で、なにがそうではないのかを判断することはできないし、本書の目的も、そこにはありません。ただ、こうした話を単なる妄想として片付けるほど、説得力に欠ける話とは思えません。

ひとつの事実として語られているのは、ジョン・レノンが『The book of the Law』(法の書)を読んで、クロウリーの信念の中に共鳴する部分を見いだしたことです。

クロウリーが創始した宗教、セレマ(Thelema)の宗教哲学、つまり清純な意志に基づく宗教的な考え方や行動が、1960年代にアバンギャルド(前衛)と評されたビートルズ音楽の根底に多く見出すことができます。

★★★★★★★★★★★★★★★★★★★★★★★★★★

魔術の実践……6

サイキック・アタックから身を守る方法

19世紀の魔術師たち――アレイスター・クロウリーをはじめとする多くの魔術師たちが、互いに反目して、不幸の呪いをかけあっていたのは、どうやら疑いようのない事実のようです。魔術師たちが集まって同盟が結成されたかと思えば、いとも簡単に分裂、崩壊し、挙句は激しく対立するようなことが頻繁に起きていました。

ときにはそれが抗争へと発展し、呪いをかけた本人が、生涯解くことができないような復讐の呪いの魔術を実行することもありました。

マグレガー・メイザースがそうだったように、パワフルな魔術師であっても、憤怒や復讐の呪いを引き寄せてしまうことがあります。それはだれも望まないことですが、意思に反して無意識のうちに引き寄せてしまうのです。したがって、精神やスピリットを自己防衛するために、その基本知識をだれもが持っておく必要があります。

クロウリーが学びを得た人物の一人に、秘密結社「黄金の夜明け団」の一員であるダイアン・フォーチュンがいます。

彼女が執筆した『心霊的自己防衛』（Psychic Self-Defense　大島有子訳、国書刊行会）は、今も魔術界における傑作作品として高く評価されています。読者のみなさんも、一度はぜひ、読んでみてください。

ダイアンは確固とした道徳心を持つ人物で、魔術に関して天才的な能力の持ち主という共通点を除けば、クロウリーとは真逆の存在でした。

さて、この章の最後に、呪いやサイキック・アタックから身を守るシンプルな方法をいくつか紹介したいと思います。

★ブラックトルマリンやブラックオニキス、ブラックオブシディアンは、サイキック・アタックを吸収してくれます。いずれかをバッグに入れるなどして、ふだん持ち歩くとよいでしょう。また、就寝中に起こりうるサイキック・アタックから身を守るためには、枕の下に置いて眠るのが効果的です。

★頭のてっぺんからつま先まで、愛ある保護シールド（愛の光）で包まれているビジョンをイメージし、エネルギーを身体全体に隙間なく充満させましょう。あなたを襲うサイキック・アタックをブロックしてくれるでしょう。

★毎日、自分のオーラをチェックしましょう。傷ついている場所がないか、穴が開いているところがないかを確認します。もし、そんな状態を見つけたら、傷ついた部分が修復されていくビジョンを心のなかで描き、セルフ・ヒーリングを行いましょう。女神アポロや大天使ラファエル、アイルランドの女神ブリジッドなどを召喚して、手助けをお願いして癒してもらうのが効果的です。

★つねに健康体を意識して生活しましょう。なかでも体重管理と、たっぷりと睡眠をとることがとても大切です。

★アルコールと薬には、あなたのオーラを弱める働きがあります。とくにサイキック・アタックを受けているあいだはアルコールと薬を控えてください。頻繁に頭痛薬などを摂取していませんか？　もちろん持病薬など、あなたの健康を維持するために不可欠な薬は除きます。

★ホワイトノイズ[*6]を含んだ音や音楽を聴いたり、好きなメロディを鼻歌で歌ったりしましょう。あなた自身のエネルギーを高めて、仮にサイキック・アタックを引き寄せてしまっても、その影響を抑えてくれる効果があります。

★あなたが自分のなかで不安や恐れを漠然と感じているとき、こうした不安や恐れをむやみに分析したり、その原因を執拗に追求、究明したりすることはやめましょう。あなたの主観のみで追求しすぎると、負のスパイラルを招きます。代わりに、勇気をもって信頼のおけるプロのヒーラー（エネルギーワーカー）に、あなたが感じる恐れや不安を取り除くためのワークをお願いしましょう。

★サイキック・アタックやエネルギー・アタックが、特定の相手からのものだとわかったとしても、自分のエゴや一時的な感情の高まりで、敵意を増幅させることがないようにしましょう。すでに傷ついたオーラを、さらに傷つけることになります。

★あなた自身のエネルギーをしっかりと大地とつなげ、グラウンディングしてください。グラウンディングがちゃんとできていると、サイキック・アタックを受けても、自分のエネルギーで跳ね返すことができます。サイキック・アタックはどこかで攻撃を止め、長続きさせないことが大切です。

（＊6訳注）音に混じる雑音（ノイズ）のなかで、低周波から高周波にいたるあらゆる周波数成分が均等に混じるノイズのこと。

7章

★★★★★★★★★★

現代によみがえる魔女と魔術師

ドリーン・ヴァリアンテ、ヘレン・ダンカン、ロザリーン・ノートンほか

精神世界の〝革命〟前夜

精神世界を根底から覆す〝言ってみれば革命のような出来事が、今にも勃発する気配が漂っていました。

1929年のイギリス――。とある町に住む少女ドリーンにとって、そんな世の中の地殻変動など知るはずもありません。彼女は7歳ですが、すでに自分のなかに眠る魔力を実感していました。

夜、薄汚れたロンドンの町並みの一角で、家の窓から月を眺めていると、彼女のなかでなにかが目覚めるのです。まるで催眠術にかかったような感覚が広がって、そこに陶酔する自分がいました。彼女は、この世の中には目に見えるものと、見えないものの両方が確実に存在することを実感します。そして目に見えないなにかに、大きく心を奪われていました。

ドリーンは、毎週日曜日になると両親に連れられて教会の礼拝に出かけました。ロンドンの南部にある教会で捧げる礼拝やセレモニーに少女はまったく共感することができません。むしろ違和感のほうが大きかったのでしょう。

どこにもぶつけようのないその不満を紛らわすために、少女ドリーンは月に向かって秘密の言葉を囁くのです。そしてだれも見ていないところでダンスに夢中になっていると、〝神さまや女神さまが、いっしょに踊っているにきまってる〟と思えてくるのです。

もし自分が、もっと大昔、神さまや女神さまたちがいた時代に生まれていたら、きっと本当の自分を生きることができただろうと思いを馳せるのです。

13歳になったドリーンは、ある日、ハウスキーパーとして働く母親が、雇い主から酷い仕打ちを受けていることを知ります。残虐で意地悪な行いほどドリーンが我慢ならないことはありません。

「わたしには、まわりの人たちに見えないものや聞こえない声を、見たり聞いたりすることができるわ。それに、お月さまといっしょにいるときは、なにか特別な力を授かっている……」

そんな力をぜんぶ使えば、きっと、お母さんを助けられる――。ドリーンは決心します。

ウィッチクラフトの母ドリーン・ヴァリアンテ

だれかに教えられたわけではありません。自分の心のなかで囁かれる声だけに従って、ドリーンは行動を開始します。

母親をいじめる雇い主の髪の毛を3本、どこからか手に入れてくると、粘土で小さな人形をつくりました。月夜の日、その人形を屋外に置くと、人形の口の周りに雇い主の3本の髪の毛を束ねてグルリと3回巻きました。

そして月に向かって、母親を助けてくれるよう囁きました。母親を悩ます悪態の数々が静まりますように、なくなりますように、と祈ったのです。

「家族の元から、離れていなくなぁれ!」

ドリーンがちょうどおまじないを唱えたときでした。その姿を母親に見られてしまいます。

娘の奇怪な行動に母親は恐れを抱きます。――娘は魔女⁉

そこで、規律の厳しいことで有名なキリスト教女子修道院付属学校にドリーンを入学させることにするのです。

しかし、母親の願いも空しく、修道院学校がドリーンを変えることはありませんでした。

彼女は儀式やチャンティングにますます惹きつけられる一方で、学校で教えられることには、まったく興味が持てないのです。

窮屈な学校生活に我慢できなくなったドリーンは、15歳のクリスマスイブ、とうとう修道院学校を飛び出します。おまじないや儀式などについて、びっしり書きこんだ日記を携えて……。

そして、彼女は、二度とこの場所に戻ることはありませんでした。

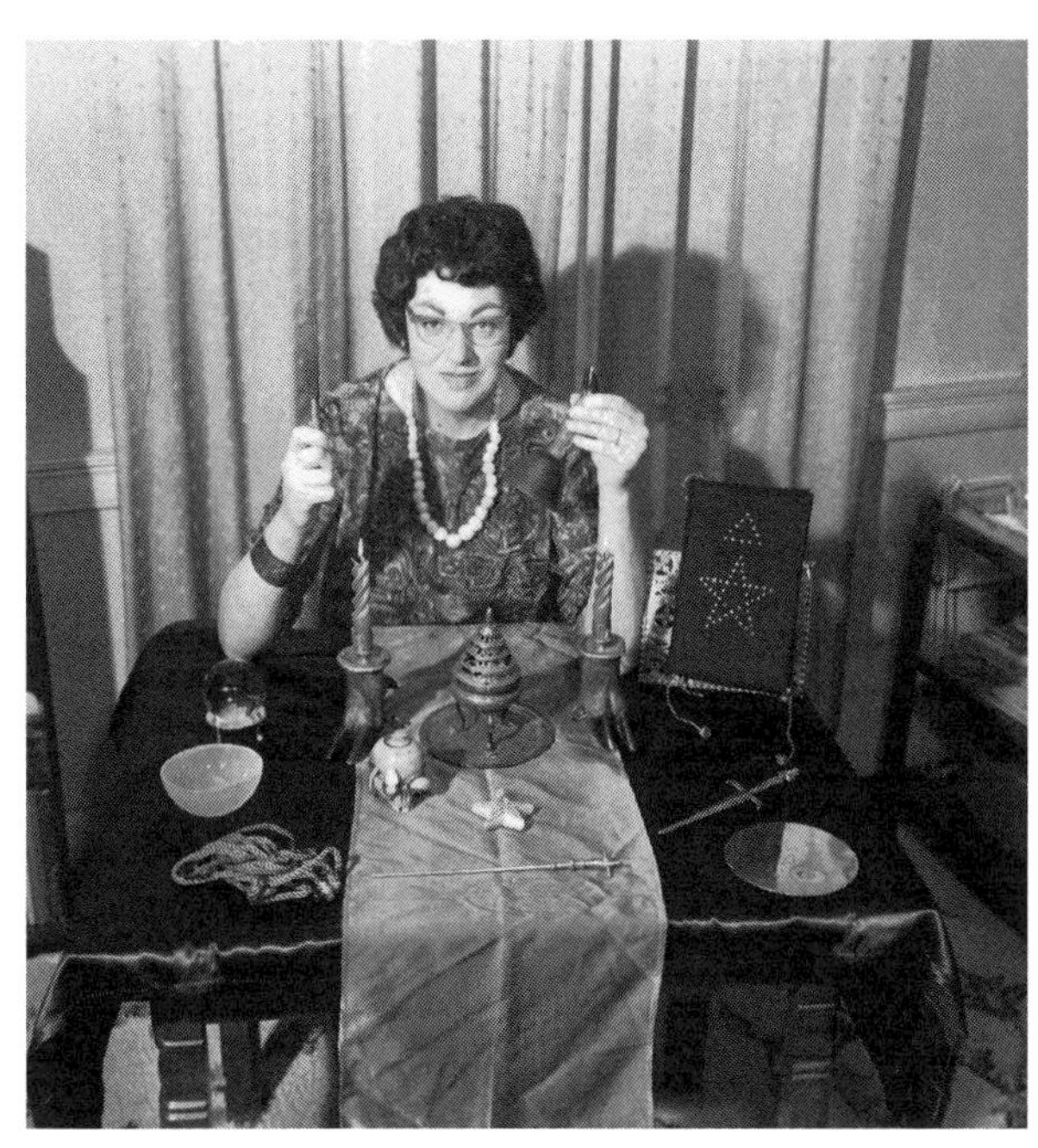
現代魔術の母ドリーン・ヴァリアンテ

ドリーンはその後、独学で魔術の習得をはじめます。

アレイスター・クロウリーが書いた『法の書』や『グノーシスのミサ』はもちろんのこと、社会学者のひとりで、何千年ものあいだ社会を支えてきたのは女性の魔女たちであると主張する作家のマーガレット・モリーなどの本を読み漁りました。

また、タイピングの技術も独学で習得し、19歳のとき、サウス・ウェールズでタイピストの仕事に就くことになります。そこで水兵と出会い、恋に落ちて結婚しますが、間もなく相手は失踪し、半年もたたないうちに死亡が確認されます。

その後、フランスのレジスタンス運動に参加するスペイン人、カジメロ・ヴァリアンテと出会い二度目の結婚を果たします。ドリーン・ヴァリアンテとなった後は、彼女がこの世を去るまで二人は円満な生活を続けました。

ジェラルド・ガードナーとの出会い

１９５１年、イギリスでウィッチクラフト法が廃止されるというとてもすばらしい出来事が起こりました。何百年ものあいだ、魔女狩りを正当化してきた法律が無くなったのです。古典魔術や伝承医療に惹きつけられる人々が、罪に問われることなく、ペイガンの歴史に触れ、復興させることが可能になったのです。

ちょうどそのころのことです。ドリーンが地元の新聞を読んでいたとき、偶然にもマン島のウィッチクラフト美術館にかかわるジェラルド・ガードナーという男性が書いた記事を見つけます。

ドリーンは早速、ジェラルドに手紙を書き、二人は会うことになります。その出会いは実に運命的なものとなって、その後、ドリーンはジェラルドからウィッカ（Wicca）のイニシエーションを受けるまでに関係が深まります。このときドリーンはマジカル・ネームにヘブライ語で〝真実〟を意味するアメス（AMETH）と名づけられました。

ドリーンは、ガードナーから継承したウィッカの儀式を復興させようと、さまざまな研究を行いました。また、アレイスター・クロウリーのワークからも影響を受け、フリーメイソンの儀式や思想も取り入れたことが知られています。今日のウィッカの思想や儀式の形態は、ドリーンが献身的に再編集し、再構築したものが元になっています。

ドリーン・ヴァリアンテは現代魔術の母とも言える偉大な人物です。詩的な儀式と知性あふれる優雅な振る舞い、そして謙虚に学ぶ姿勢が、多くのスピリチュアル探求者たちを魅了してきました。

ウィッチクラフト法違反で逮捕された最後の魔女ヘレン・ダンカン

ウィッチクラフト法が廃止される1951年からさかのぼること8年前、第二次世界大戦のさなかの1943年のことです。当時は、ドリーンがそうだったように、魔女として自由に生きることなど、とても想像できない時代でした。

水兵の息子を戦争で失った両親が、息子の霊と交信したいと願い、当時ミディウムとして活動していたヘレン・ダンカンの元を訪れます。セッションの最中、水兵だった息子の霊を召喚すると、彼の口から「戦艦バーラム」という言葉が出ました。

降霊した息子の声としゃべり方は、まさに両親が溺愛する息子そのものでした。しかも、その当時、戦艦バーラムが撃沈されたというニュースはどこにも出ていなかったので、両親は、もしかしたら、息子はまだ生きているかもしれない、と希望を抱きます。

両親は警察におもむいて事情を話し、息子の安否をたしかめたいので、戦艦バーラムがいま、どこにいるのかを知りたいと相談したのです。息子を思う両親の気持ちは痛いほど理解できます。

ただ、この両親の行動が思いもよらぬトラブルを引き起こします。ヘレン・ダンカンが警察に連行されて尋問を受けることになるのです。そして翌1944年にウィッチクラフト法違反の罪で9カ月間服役する羽目になります。

なぜ、ヘレン・ダンカンは警察に捕まったのでしょうか？　戦艦バーラムは、彼女が水兵の息子の霊を降霊する前にすでに撃沈されていたのです。しかし、イギリス政府はその事実を隠し、世間に公表しませんでした。こうして戦艦バーラムの撃沈の情報を知っていたヘレンにスパイの嫌疑がかかり、連行されたのです。

彼女が、戦艦バーラムに乗っていた水兵の霊と交信し、彼の霊を通じて船が沈没したことを告げられたと説明をしても、だれも信じようとせず、彼女はドイツのスパイだと決め付けられたのです。ただ、スパイ容疑については立証されなかったようです。

こうしてヘレン・ダンカンは、ウィッチクラフト法違反で刑務所に送られた最後の魔女となったのです。

この一件から8年、魔女を取り締る法律は撤廃されます。まさに革命的出来事といっていいでしょう。少なくともイギリス国内では、魔女や魔術師、ミディウム、オラクルカードリーダーやエネルギーワーカーなどの存在は、なんら罪に問われることなく、職業として表看板を掲げることができるようになりました。

ウィッチクラフト法が施行されたのは1542年のことです。実に400年以上のあいだ、魔術が法的に犯罪として扱われてきたことになります。

第二次世界大戦で戦った英国の魔女戦士たち

ヘレン・ダンカンがスパイ容疑を掛けられたように、この時代の魔女や魔術師は、好むと好まざるとにかかわらず、徐々に戦争という大きな渦の中に巻きこまれていきます。

ナチス・ドイツが神秘学の実験や研究に力を注いでいるのは広く知られていることでした。神聖なパワーがナチス独裁政権に利用されることに我慢ならない人が増えていました。さらに、それが戦争に活用されたらどんな事態を招くか、その恐れを指摘する声も、しだいに高まっていたのです。

とくに、スピリチュアルを推進する人々やオカルト信仰者らのあいだでは、それを阻止するために団結する必要性を訴える人々が急速に増えていました。

聖なるシンボル、北欧の魔術などがナチス親衛隊により間違った形で利用されることによって、戦局を有利に導くことになるのは疑いようがありません。それは、魔術を真摯に、良きことに活用しようとする魔女や魔術師にとって屈辱的なことでした。

偉大なるマーリンの聖地イギリスに平和と自由を取りもどすことを願うスピリチュアル戦士

や愛国者たちが、魔術でナチスに対抗しはじめます。

１９４０年7月31日のことです。宗派の異なるさまざまな神秘グループや、魔女グループのメンバーがある場所に一堂に会しました。イギリス全体に〝光の柱〟（Cone of Power）のエネルギーを充満させるために、魔女、魔術師たちが団結したのです。

その中には、伝統的な魔術の継承者であるジェラルド・ガードナーの姿がありました。この日、どうしても参加できなかったメンバーは、遠隔で参加しました。

この時に創造されたエネルギーが限りなくパワフルで強力だったため、参加者の中にはその衝撃の大きさに耐えられず、５人もの人が亡くなっています。

現代のような情報伝達手段がない時代に、この大イベントは、どうやって開催されたのでしょう。当時の魔女たちに絶大な影響力を持つ、オカルト信仰者で作家だったダイアン・フォーチュンが書いた手紙によってその情報が広範に広められました。彼女の手紙が魔女グループから魔女グループへと伝達され、これが団結力を強め、歴史上に残るイギリスとドイツの魔女戦争へと発展したのです。

このとき、ダイアンが行った瞑想儀式は、秘密結社「黄金の夜明け団」の儀式を元にして組み立てられたもので、神々を召喚する際には、魔術師マーリンとキング・アーサーが呼び出されました。そして、集結したすべてのメンバーの意識がつながったとき、キング・アーサーの剣がグラストンベリーのトール山の地中から空高く上昇するビジョンが、すべての魔女戦士に共有され、エネルギーが一つになったのです。

2回目の集団祈祷は、翌1941年1月22日に実現しました。アレイスター・クロウリーの親しい友人の一人で教え子でもあったウィリアム・シーブルックによって指揮されました。この日は魔女やオカルト信仰者だけではなく、多くの有識者や兵士なども参加し、儀式では、比類なき強力な呪詛（じゅそ）がヒトラーに向けて送られました。このときの呪文は、いまも語り継がれています。

ヒトラーよ！　世界の敵、人間の敵！　呪いを送る！
貴様の肉体から流れる涙、血の一滴たりも逃すことなく、
呪いをかける！　全力で呪いを実行する

'Hitler! You are the enemy of man and of the world;
therefore we curse you. We curse you by every tear and drop

of blood you have caused to flow. We curse you with the curses of all who have cursed you!」

水面下でこのような激しい魔女戦争が繰り広げられているあいだも、イギリスはドイツ軍の爆撃機による攻撃を受け、毎晩のように多くの死者がでていました。それでも、国全体が侵略されることはありませんでした。おそらく、この2回に及ぶ魔女と魔術師たちの祈りと呪い、儀式により、エネルギーの結界を張りめぐらしたことが少なからず役立ったに違いありません。

J・ガードナーとロス・ニコラスの出会いからはじまった魔術の復興

第二次世界大戦の終結は世界を大きく変え、人々の生活にも多種多様な変化が生じました。そんなさなかの1950年のことです。イギリス、ハートフォードシャー州のヌードキャンプ場で、2人の人物が出会います。

ひとりは内気な歴史マニアで、作家のロス・ニコラス。そしてもうひとりは、伝統的な魔術の継承者であるジェラルド・ガードナーでした。

ガードナーはニコラスにこう告げます。自分が魔術師であること。そしてニューフォレストの魔女であるドロシー・クラッターバックのイニシエーションを受けたことを伝えます。さらに、古代の魔術を復興させるために、本を執筆する計画を立てていて、内容は、ウィッカ（Wicca）をベースにしたものになるだろう、とニコラスに話をしました。

こうしてニコラスは、ガードナーの画期的な作品となる『Witchcraft Today』（魔女の今）の編集を手伝うことになります。このロス・ニコラスこそが、その後の、世界最大のドルイド僧組織に成長するOBOD（The Order of Bards, Ovates and Druids）の創始者となるのです。ウィッカの思想を世の中に広めようとするガードナーに対して、ニコラスはドルイドの教えを拡大しようと考えていました。

この当時の魔女と魔術師たちはそれぞれに親交を維持していますが、それぞれが目指す方向性はこの二つの大きな流れに分かれていきます。一方は詩人として静かにその思想（教え）を継承してドルイド僧を拡大。もう一方は高位女神官ドリーン・ヴァリエンテやそのほかの数え切れない魔女グループに所属して、公の場に登場するようになります。両者とも今日に至るまでその存在を維持し、現代魔術の基本的な流れを作りました。

二人の出会いから60年の歳月が流れます。

２０１０年10月１日、ドルイド僧が発信する思想（教え）が、英国内で宗教として正式に認可されました。

そして、2015年4月には、ウィッカンであるデボラ・メナードが米国上院議員の招待を受け、米国アイオワ州の州議会のオープニングで祈りを行うように依頼されました。アメリカのなかでも保守的な傾向が強いアイオワ州という場所ですら、ガードナーの魔術が尊敬に値するものであることが広く認識された瞬間でした。

キングス・クロスのボヘミアンウィッチ、ロザリーン・ノートン

1960年代に入ると、それまでの時代とは一転して、さまざまな変化や改革を求め自由に表現する人々が増えはじめます。いまだに続く戦争や、経済成長への過度な期待と物質主義の横行など社会を取り巻く環境に幻滅した、とくに若者たちが国や社会に対して反抗する姿が多くみられるようになります。

オーストラリアでは、反骨心が旺盛で、自由かつ奔放な生き方を求める芸術家たちの多くがシドニーの中心部にあるボヘミアンのメッカ、キングス・クロスに移り住むようになります。そのなかに、スキャンダラスで、しかも魅力的で才能あふれる魔女、ロザリーン・ノートンがいました。

彼女はドリーン・ヴァリアンテ同様、幼いころから独学で魔術を習得する一方で、シドニーのチャツウッドにあるイギリス教会女学校に通わされていました。オオカミ人間や、人間の血を吸うヴァンパイア、墓地から生き返る人々、といった話題ばかりに興味を示す彼女は、学校ではむろん異質な存在だったでしょう。そんな話に共感する友だちが多いはずがありません。結局、彼女は14歳のとき、学校から追い出されるハメになったのです。

ここから彼女は、魔術の世界へと傾倒してゆくことになります。

自分の魔術に対する思いをつづったプロフィールを作り、ロザリーンはこれをイースト・シドニー・テクニカルカレッジに持ち込みます。そしてレイナー・ホフ教授の元で、ペイガン（異教徒）に関する知識や思考を教授されると、すっかりその世界の虜となり、彼女は魔女としての天性を開花させていきました。

勉強をつづけるためには、学資を稼がなくてはなりません。大道芸人として街中で絵を描くパフォーマンスをしたり、夜はナイトクラブでウェイトレスとして働いたり、あるいはジャーナリストの見習いとしてアルバイトをしたこともありました。

１９４０年に結婚をしますが、夫がだれであるかを世間に公表することはありませんでした。その後、彼女はさまざまな形で世間に露出されるようになり、雑誌などでも記事を書く存在になります。

焼却された絵画作品集

1949年、ゲイヴィン・グリンリーズという詩人と出会います。二人はたちまち恋に落ち、ロザリーンはそこから人生を謳歌しはじめます。彼女の作品の数々に感銘を受けたグリンリーズは、この年、メルボルンでロザリーンの絵の展示会を開きます。彼女の作品が初めて世の中に公開されることになりました。

ところが、これらの作品のいくつかが公然わいせつ罪にあたるとして、警察の取調べが入ります。公開作品のうち4点が押収されたばかりか、ロザリーン本人も、わいせつ物を展示した罪で告訴されてしまいます。

この裁判は世間で話題となりました。ロザリーンは、もちろん自分自身に非があるとはこれっぽっちも考えていません。作品の裏側に隠されたオカルトの概念や、シンボルに込めた真のメッセージ性について、きわめて理路整然と主張しました。おそらく、作品のもつ芸術性の高さが認められたのでしょう。この告訴は取り下げられています。

1952年にロザリーンは、グリンリーズとの共著で『The Art of Rosaleen Norton』（ロザリーン・ノートン作品集）を出版します。これが、また物議を呼ぶことになり、警察によってその内容がわいせつ物に該当するとして、今度は書籍を刊行した出版社が告訴されます。せっかく作った作品集がオーストラリアの警察に根こそぎ取り上げられたら、たまったものではありません。そこで二人は作品集をアメリカに送ろうとします。でも結局は、税関ですべて没収され、焼却処分にされてしまったのです。

本来であれば、作品集を出版したことによって収益を手にし、次なるアート作品を生み出すことにお金と労力をつぎ込もうと考えていた二人の思惑は大きく狂います。それどころか、警察の強制捜査に対応することで手一杯となり、彼らは経済的に困窮してしまいます。ついには、当時住んでいた家を離れざるをえず、小さなスペースで細々と暮らすようになりました。

魔女と英国指揮者の恋

そんな彼女に救いの手を差し伸べる人物がいました。イギリスの指揮者、サー・ユージン・グーセンスです。彼はクラシック音楽の世界での成功者の一人でした。

オカルトに興味があった彼は、ロザリーンの作品集にすっかりひき込まれてしまいます。シドニー交響楽団のコンサートで指揮者を務めることになったとき、オーストラリアを訪れた彼は念願のロザリーンとの対面を果たします。

貧困のオカルト芸術家と、華やかで伝統的な音楽の世界に身を置く英国の紳士は、たちまち恋に落ちてしまいます。二人はセックスを通じて魔術を行い、ＬＳＤ（幻覚作用をもたらすドラッグ）におぼれ、トランス状態の愉悦を密かに楽しむようになります。

ペイガン信仰を貫いた魅力あふれる魔女ロザリーン・ノートン

そんな状況にありながらも、グーセンスがロザリーンの作品を熱烈に支持していることが上流階級の人々に知れわたると、多くの人がロザリーンの作品を求めてキングス・クロスに集まるようになりました。

グリンリーズは、相変わらずロザリーンに忠誠を誓います。一方、グーセンスはロザリーンに首ったけです。ロザリーンの絵画作品は社交界の富裕層たちが買い求めるようになって、いよいよ彼女の運気も回復したかに見えました。

そんな矢先、ロザリーンはふたたびわいせつ罪で逮捕されてしまいます。裁判に向かうロザリーンは、つねに冷静沈着でした。しかも機知に富み、自信たっぷりです。〝社会からの迫害〟に、断固として戦う姿勢を見せたのです。

メディアは彼女のニュースを大きく取り上げることになります。〝キングス・クロスの魔女〟ロザリーンの評判は、ますます確固たるものとなり、世界に広まってゆきました。

ペイガン信仰を貫いたヒロイン

その一方で、グーセンスはしだいに危うい立場に追い込まれます。伝統的な芸術の世界の住人が魔術に傾倒したばかりか、魔女と愛人関係にあるというのです。彼のキャリアに大きな汚点が記されることになりました。

グーセンスが一時、ロンドンに帰国したときのことです。オーストラリア当局はグーセンスにワナを仕掛けました。グーセンスがロンドンからふたたびオーストラリアに入国しようとしたとき、彼らは税関でグーセンスを待ち受けていました。

グーセンスが連れて行かれた別室には、5人以上の警察官だけでなく、なぜかイギリスのタブロイド紙の記者とカメラマンが待機していたのです。抜け目ないハイエナのごとき〝観客〟が見つめる中で、グーセンスは荷物検査を受ける羽目になります。

スーツケースから出てきたものは、儀式用の仮面やわいせつな写真、ロザリーンに贈るつもりだった淫靡な芸術画などでした。当然グーセンスは起訴され、オーストラリア関税法に抵触する物品の持ち込みを行ったとして、イギリスに強制送還されました。

英国のタブロイド誌は本国でこのニュースを大きく取り上げたため、イギリスに戻ったグーセンスを待ち受けていたのは、世間からの酷評でした。これを最後に二人の関係は終焉を迎えることになります。

ロザリーンはその後、生涯を通して絵を描きつづけ、細々とした暮らしを送りました。彼女の絵画作品は現在も評価を受け、高い値がついています。没後の1982年には、『The Art of Rosaleen Norton』（ロザリーン・ノートン作品集）が復刻され、今日においても人気のある一冊となっています。

彼女は1979年に、シドニー、ダーリングハーストにあるセイクレッド・ハート・ホスピスで末期がんによって亡くなりました。死が訪れる直前まで絵を描き続け、ペイガン信仰を貫きます。現代のペイガンヒロインとして、また、ボヘミア・アーティストとして今も親しまれています。

〝魔女の娘〟たちとフェミニズム

反体制文化の動きが勢いを増した1970年代に入ると、女性解放運動が活発になります。この動きと同時並行して進んだのが、魔女（魔術師）をフェミニスト（男女同権論者）の象徴として位置づける動きです。

数百年の歳月を経て、魔女の存在をふたたび世の中が受け入れようとしているなかで、フェミニストたちは自らを〝魔女の娘〟と公言するようになります。もちろん、その発言によって、だれかが火あぶりの刑になることはありません。新しい時代に入ったのです。

アメリカ人の女性作家で魔女グループの代表を務めるスザンナ・ブダペスト（Zsuzsanna

Budapest）をはじめ、フェミニストでありネオペイガニズムを推進した、やはりアメリカ人の女性作家スターホーク（Starhawk）、ウィッカの女神官フィリス・キュロット（Phyllis Curott）、ネオペイガン宗派のひとつで女神を崇拝する宗教組織ダイアニック・ウィッチクラフト（Dianic Witchcraft）、そして魔女や魔術師をこよなく愛するオベロン・ゼール・レイブンハート（Oberon Zell Ravenheart）のような魔術師たちが輝きはじめ、現代魔術の礎（いしずえ）を築きました。

アントン・ラヴェイ「悪魔教会」の躍動

現代は魔女や魔術師、ドルイドにワイズ・ウーマンといった存在が社会にある程度受け入れられる時代ですが、その一方で悪意ある魔術、つまり、悪魔と表裏一体をなす魔術の存在を懸念する考え方も根強く残っています。

かつて、スキャンダルを利用し、有名になろうと企んだ一人の男の存在が、この懸念をより大きくさせた原因のひとつかもしれません。

1966年のことです。ヒッピーのメッカだったサンフランシスコで、毎週金曜日の夜に、ソウルサーチ――〝魂のよりどころを探す〟ことを目的とするギャザリング（集会）が開かれていました。

このギャザリングを主催したのは、アントン・ラヴェイという男性で、もともとサーカスで働いていた人物です。ただ、当時は警察署内の専用カメラマンであり、ミュージシャンでもありました。

ギャザリングでは、だれもが、ラヴェイの講話に引きこまれ、オカルト談義に花が咲きました。ラヴェイの人を惹きつける性格や、印象的な容姿と人を引きこむ話術によって、ギャザリングはしだいに大きな規模に発展していきました。

そしてラヴェイは、この年「悪魔教会」を設立します。ラヴェイは、大胆なネーミングにぷんぷん漂う厚かましさや非道さが、世の中に反発する芸術家やカウンターカルチャーの指導者たちの目にどれだけ魅力的に映り、それがどれほど世間にセンセーショナルな騒動を巻き起こすかを熟知していたのです。

黒いマントで身をくるむ、スキンヘッドの鋭い眼光の男――。いかにも怪しげでスキャンダラスな風貌のラヴェイが、政府の圧力からいかに解放を勝ち取り、自由を享受するか、その魅力たっぷりの哲学を語り、それらを実践するための教会という器を整え、その過激な教会の名とともに、「悪魔教会」を急速に拡大させていったのです。

「お前の命は、あと1年も、もたないだろう」

1966年の暮れのことです。

当時のハリウッドのセックスシンボルだったブロンドヘアの映画女優ジェーン・マンスフィールドが、ラヴェイに熱烈なラブコールを送っていました。当時のジェーンは女優として停滞期を迎えていて、キャリアを復活させる必要がありました。また、元々オカルトに興味があったうえに、長年にわたり、悪性の髄膜炎に苦しむ息子をどうにかして救いたいと考えていたのです。

「ラヴェイは私を別な部屋に連れて行き、悪魔から受け取ったという黒魔術のタリスマンを見せてくれ、そのうちのひとつを私にプレゼントしてくれたのです。これで私は『悪魔教会』の高位の女神官になった……」

ジェーンは新聞記者に向かって、イニシエーションを授かったことを意味する内容をこう語りました。彼女はこのインタビューのとき、ラヴェイからもらったという、黒とピンクのペンタクルシンボルのタリスマンを身につけていました。彼女はこの場面で世間に渦巻く〝悪評〟を楽しんでいる様子でした。

ラヴェイとジェーンは愛人関係となり、それを伝えるスキャンダラスな報道が、ラヴェイの名前を全米に広める大きなきっかけになりました。

一方、ジェーン・マンスフィールドはハリウッドの弁護士、サム・ブロディとも愛人関係にありました。言わずもがな、ジェーンとラヴェイの関係をめぐって争いになり、裁判沙汰に発展します。ブロディはラヴェイが売名のためにジェーンを利用していることに憤慨し、ラヴェイ批判を繰り返します。もちろんラヴェイも黙ってはいません。

ブロディがラヴェイのことをペテン師呼ばわりすれば、ラヴェイはブロディを変態の性倒錯者と罵倒する、といった具合でした。

「ブロディに、俺はこう言ったんだ。彼の想像をはるかに超える権力と実力を、俺はすでに手にしている。お前の命は、あと1年も、もたないだろう、ってね」

ラヴェイはメディアにこのように語りました。

世界を震撼させた〝サタンの魔術〟

このひと幕がメディアで報道された2週間後のことです。

1967年6月29日――。惨劇が起きます。

テレビの公開番組に出演するために、ブロディとジェーンは、テレビ局があるニューオリンズへ車で向かっていました。その途中、大型トレーラーが彼らの車に衝突し、サム・ブロディとジェーン・マンスフィールドの2人が即死したのです。同乗していたジェーンの3人の子どもたちは奇跡的に一命を取りとめました。報道によれば、ジェーンは首が切断された状態だったといいます。

ラヴェイはこの事故で精神的に混乱します。自分が放った呪いが現実のものになったと同時に、愛人まで失うという悲惨な結果を招いたからです。

この身の毛もよだつような2人の事故死は、ラヴェイの存在をさらに広く、大きく認知させるきっかけとなります。すでに出版されていた『The Satanic Bible』（サタンの聖書）は100万部以上の売り上げを記録しました。さらに世界中で6カ国語に翻訳され、30回も重版されました。

こうして彼の悪名は世界にとどろくことになったのです。1997年に彼がこの世を去ったとき、ラヴェイの葬儀には「悪魔教会」の信者はもとより、読者やファンにミュージシャン、かつての愛人たち、メディアの記者、そして野次馬たちが、何百人も駆けつけました。

ラヴェイが創設した「悪魔教会」の哲学には反体制的な思想が反映されていますが、その主張に共感する人々にとって、それは創造的で芸術的な思想として受け入れられていました。残念ながら、彼の功績によって、魔術と悪魔の関係は、切り離すことができない密接なつながりを持つという認識が一般に浸透する結果となり、ペンタクルも悪魔のシンボルとみなされてしまうのです。

弔いの日――400年の歳月を超えて

2012年のことです。イングランド北部にあるペンドルという小さな村で、400人にものぼる人々が、細く長い道を連なるようにして、郊外にある高い丘へ向かって歩いていました。人々は皆、黒い洋服に身を包み、ほうきを手にし、頭には先端が折れ曲がった魔女の三角帽子をかぶっていました。

強い風が吹き付ける丘の頂に全員が到着したとき、イギリスで桂冠詩人（ポエット・ローリイット Poet laureate）の称号を授かった人物が詩を読み上げました。それを聞いた人々の身体は震え、涙を流す人も数多くいました。

人々は「ペンドル魔女裁判」から400年を迎えたこの日、慰霊祭に参加するためにここに集まったのです。このイベントは、1612年にこの地、ペンドルで行われた魔女裁判で失われた命を弔うものでした。忌まわしい出来事から400年の時を経て初めて行われる祭礼で、ペンドルの村全体が深い悲しみに包まれたのです。

この日、丘の頂に花や供え物を届ける人の列が絶えることがなかったといいます。村の役員は、山道に迷う人や事故を防ぐために、ペンドル・ヒルへの夜間の訪問を禁止する異例の措置を講じるほどでした。

かつてこのペンドル・ヒルの地で暮らした人々は、まさか自分たちが、400年後にこのような形で敬意を表される存在になるとは想像もできなかったでしょう。

1612年、一人の行商人がペンドル・ヒルの麓から町へ向かう小道を歩いていました。名前はジョン・ロウ。息子を一人連れていました。

そのとき、地元に暮らす一人の若い女性とすれ違います。アリソン・デバイス（Alison Device）です。

デバイス家は、薬草を煎じたり調合したりする古典的な伝承療法を代々受け継いできた家系です。一家全員が魔術に長けていて、いわば薬草医や助産婦としてその智慧を村の人々のために無償で提供してきたのです。

たまたま道ですれ違った行商人のジョン・ロウが、そんなことを知る由もありません。

「ブローチを、買いませんか？」

ボロボロの服を身にまとったアリソンがこう話しかけたとき、ジョンはなにかの冗談だろうと思って、彼女を相手にしませんでした。

デバイス家は古くから伝えられた療法をとても真摯に継承する家系でした。それはもう、真面目すぎるといってもよいほどだったので、一家はとても貧乏でした。ほんのわずかなお金だって生活の助けになります。仏頂面をして行きすぎようとした行商人に、もう一度、頼んでみることにしました。

「ブローチを、買ってはくれませんか？」

行商人ジョンはまるで汚いものを見るように彼女に一瞥をくれると、こう言いました。

「なぜ、俺が、あんたに付き合わなきゃならないんだい？　こんな小汚い、貧相な女の物乞いに……」

それを聞いたアリソンは、びっくりしたように目を大きく見開きました。そこで初めて自分が馬鹿にされていたことに気づきます。そして、ブローチを売るのは諦めなければならないことを理解します。

ただアリソンは、別れ際に、行商人に向けて呪いの呪文を唱えることにしました。

現代によみがえるペンドル・ヒルの魔女

アリソンが小声でなにかをつぶやいて、ものの1分もしないうちに、行商人のジョンは道端に倒れこんでしまいます。身体の半分が麻痺しているようでした。ときおり発作も襲います。当時、こんな症状は〝魔法にかけられた病〟、とも言われていました。

それを見たジョンの息子は、大慌てで村の治安判事の元へ駆けこみます。そしてアリソンを魔術の罪で告発しました。

それから4週間ほどのあいだ、デバイス家を災難が襲います。一家全員が牢屋行きとなったのです。一人ずつ尋問され、尋問官が期待する証言を引きだすよう、誘導尋問が行われ、そこから拷問へと移っていきました。

アリソンは自分がうっかり発した、病を呼ぶ魔法の呪文のことを謝罪しました。

時を同じくして、偶然にも同じ伝承医療を受け継ぐライバル一家のアン・ウィットルとアン・レッドファーンが裁判にかけられていました。彼女たちは4人の男たちに暴行を加えて殺害した罪で訴えられていたのです。

アリソンは憤りを感じていました。

侮辱を受けた腹いせに、ほんのちょっと仕返しをしようと投げかけた呪いで、なぜこんなひどい拷問を受けなければならないのか――。しかも、なぜ、自分だけでなく、家族全員が逮捕されるのか――。それにペンドルの賢母とだれもが認めるワイズ・ウーマンの祖母がなぜ、手枷と足枷をつけられるのか――。殺人犯の二人が拷問にかけられることもなく、裁判で裁かれようとしているというのに……。

最終的に、アリソンと80歳になる彼女の祖母エリザベスはレッドファーン、ウィットルとともに法廷で裁きを受けるためランカスターへ移送されました。

家族のなかで逮捕を免れた一人、ジェームス・デバイスは、祖母と姉を助けるために、仲間たちに支援を求め、森でギャザリング（集会）を行いました。治安判事がこのギャザリングのことを聞きつけ、さらに14人を逮捕しました。

そしてついに、アリソンと、彼女たちを救おうとしてギャザリングに参加した村人6人は、レッドファーン、ウィットルとともに絞首刑を宣告されます。祖母のエリザベス・デバイスは牢屋の中で餓えと老齢による体力低下で亡くなりました。そのほかに、森のギャザリングに参加したジャネット・プレストンも裁判にかけられ、ヨーク州で絞首台にかけられました。

それにしても、有罪判決の理由は衝撃的なものでした。彼女たちは悪魔と性行為を行ったと断定され、また6人の支援者たちは、森で悪霊を招くギャザリングを開いた罪で死刑を宣告されたのです。どれも真実ではありません。治安判事は時の国王、ジェームズ1世のご機嫌を損ねるのを恐れたのでしょう。

今日のペンドルビレッジ（村）では、バスでめぐる観光ツアーが提供されています。バスには、ホウキに乗った魔女のイメージが描かれています。そしてそのホウキの先はペンドル・ヒルの丘の上を指し示しています。また、ペンドル・ヒルの頂上には大きな岩が横たわり、幸運を引き寄せる、あるいは魔女のスピリットを召喚するために、この岩の周りを3周するとよいと、地元民に信じられています。

2012年に行われた慰霊祭で、ペンドルの村人の深い悲しみと、魔女たちに対する畏敬の念に触れて、多くの人々は心を打たれました。それは、長い時間をかけて魔術に凝縮された人々の智慧を、ただ誠実に〝良きこと〟のために生かそうとしたペンドルの魔女たちを、現代の村人のなかに見いだしたからでしょう。

その思いは参加した人々の心のなかに、変化を生みました。魔女を誇りに思う気持ちがたしかなものとなり、もはや魔女であることを隠す時代ではないことを確信させたのです。

★★★★★★★★★★★★★★★★★★★★★★★★★★

COLUMN

魔女や魔術師は世界にどのくらいいるのだろう？

魔女や魔術師が実際にどのくらいいるかを把握するのは困難です。魔術を行う人はたいていその事実を隠しながらこの社会に存在しているからです。魔女や魔術師に対する迫害は以前に比べれば大きく減りました。それでも、数百年も続いた慣習がそう簡単に変わるものではありません。どうしても魔女や魔術師は、自分の才能を魔法のホウキとともに隠して暮らす現実がそこにあります。そのほうが、日々の暮らしを安心して過ごせるからでしょう。

そうはいっても、時代は変化しています。なかには自分から魔女、魔術師と名乗る人もいて、その数は年々増えています。

なぜ、そんなことがわかるかというと、一部の公的な機関が調査を行い、その数字を公表しているからです。

たとえば、米軍は所属する兵士のウィッカ信者数を公表しています。米国国防総省の2005年の統計によると、現役兵士のうち1800人以上がウィッカ信者です。また2007年に発行されたワシントンポスト紙は国防総省の統計データを掲載していて、それによると空軍生1511人が、海軍生354人がウィッカ信者です。ということは、少なくとも4000人近い現役兵士と予備役の人々がウィッカ信者であり、魔術を行う存在であることになります。

また、オーストラリア政府による統計(2006年)では3万人の人々がペイガン(異教徒)信仰者だとされています。

ただ、ここに示した数字はあくまで限定的な領域での事例にすぎません。では、これらの統計の数字を、たとえば米国全体にあてはめるとどう推計できるでしょうか。

米国全体では、およそ100万人以上がペイガンだと推測できます。では、イギリスではどうでしょう。25万人を超える人々が魔女であり、魔術師、ペイガン、ウィッカンと自ら名乗り、古代から受け継いだ土着の宗教を信仰していることになります。

魔術の権威として名高いイギリスの歴史学者、ロナルド・フットン博士によれば、ウィッカンを名乗る人の数は毎年増える一方だろうと予測しています。

★★★★★★★★★★★★★★★★★★★★★★★★★★

いずれにしても、このように数値として統計されている数は、あくまで自己申告に基づくものなので、全体のほんひと握りであろうと予想します。

読者の皆さんも含め、魔女、魔術師であることを自から名乗り、その存在価値をだれもが認める社会構造が出来上がるとき、はじめて魔術世界の全体像が見えてくるのでしょう。

付章

★★★★★★★★★

ウィール・オブ・ジ・イヤー（1年の時の歯車）を廻す

Turning the Wheel of the Year

あなたの手でセレモニーを　～伝統的な8つの祝祭～

もしみなさんが、ワークを行うことで、魔女や魔術師とより親密につながり、また、あなたが望む結果を手にしたいと思うなら、ウィール・オブ・ジ・イヤー（一年の時の歯車）のサイクルを、一年をとおして祝福する習慣を身に付けることをお勧めします。

現代では、８つの伝統的な祭事が世界中の国々で行われています。そのうちの４つは季節が移り変わる節目に行われる祝祭で、残りの４つは宇宙とつながるための祝祭です。

８つのどの祭事も、魂の変化と成長、生と死（出会いと別れ）、誕生、五穀豊穣など、すべてのバランスをよりよく保つために古くから行われてきました。

それぞれの土地柄や文化、慣習によって呼び名は異なります。また、住んでいる地域が北半球か南半球によって、祝祭の日が１～２日ずれる場合もあります。でも、基本となる祭事の目的や内容は、世界中どこも同じです。

みなさんが魔術をより自分らしく創造するために、また、魔術の道をよりきわめるために、この８つの祝祭を行うことは、とても有意義な時間となるでしょう。

これらの祭事を行うにあたり、まずはあなた自身のオリジナルの祭壇を作ることから始めましょう。

祭壇はあなたにとって、聖なる領域です。だからといって豪華絢爛に飾り立てる必要はありません。小さなスペースにシンプルなもので大丈夫です。

祭壇になにを飾るか、どのような色使いで、どのようなレイアウトにするかについては、あなたの直感を信じて、あなた自身が居心地がよいと感じるままに作り上げましょう。

とは言え、祭壇を作るのが初めてという人は、なにから手をつけたらよいか戸惑うでしょう。それに、それぞれの祝祭に関する基本的な知識が必要です。

そこで、8つのお祭りの基本的な情報を紹介することにしました。この内容をベースに、あなたの想像力と直感のままに祭壇を作り、8つの祝祭の日には、感謝の気持ちをこめてセレモニーを行いましょう。

古代から受けつがれてきた魔術のエネルギーや知識、スピリットを存分に感じられるはずです。

みなさんに、大いなる祝福があらんことを!

1 サーウィン(Samhain)

霊が降りてくるこの時期、先人たちを思い出し、感謝を捧げる時です。

北半球 10／31・11／1　南半球 4／30・5／1

◆地域によって異なる名称

Samhain（サーウィン）／Oidhche Shamhna（ゲール語）
Feile na Marbh（アイルランド語）／Halloween（ハロウィーン）
Day of the Dead（死者の日）／All Soul's Eve（万霊節）

◆関連する神、女神

Hecate　ヘカテ／Lilith　リリス／Cerridwen　ケリドウェン
Morrigan　モリガン／Kali　カリ／Cailleach　カーリー
The Crone　ザ・クローン

◆関連する動物

Owl　ふくろう／Cat　猫／Pig　ブタ
Hawk　鷹／Eagle　鷲

◆関連するストーン

Jet　ジェット／Obsidian　オブシディアン

Onyx　オニキス／Smokey quartz　スモーキークオーツ

Spirit（fairy）quartz　スピリットクオーツ

◆関連する植物・ハーブ

Apples　リンゴ／Corn　とうもろこし（コーン）

Mistletoe　ヤドリ木／Evergreen　エバーグリーン

Rosemary　ローズマリー／Sage　セージ

Mugwort　オオヨモギ／Allspice　オールスパイス

Nightshade　ナス科の植物

2 冬至(Winter Solstice)

魔女や魔術師が偉大なる暗闇（寒さ）を祝福し、このあと訪れる暖かい季節に向けて太陽の神を祝福し、人生にも光が戻るよう祝うお祭りです。

北半球 12／20～23　南半球 6／20～23

◆地域によって異なる名称

Yule　ユール／Wassail　ワッセイル

Festival of Dionysus　ディオニサス（ディオニソス・ディオニュソス）祭

Festival of Mithras　ミスラス祭

◆関連する神、女神

Odin　オーディン／Freya　フレイヤ

Skahdi　スカジ／Isis　イシス

Demeter　デメテル／Dagda　ダグダ

◆関連する動物

Robin　コマドリ／Wren　ミソサザイ（鳥）

Boar　いのしし

◆関連するストーン

Ruby　ルビー／Bloodstone Carnelion　ブロッドストーン・カーネリオン

Citrine　シトリン／Garnet　ガーネット

◆関連する植物・ハーブ

Yew　イチイの木／Laurel　ローレル

Birch　カバの木／Cranberries　クランベリー
Pine tree　パインツリー／Mistletoe　ヤドリ木
Cedar　ヒマヤラスギ（シーダー）／Nuts　ナッツの木
Sage　セージ／Bayberry　ベイベリー

3インボルク(Imbolc)

魔女や魔術師たちはかつてこの祝祭でキャンドルやかがり火を灯し、太陽の再訪を願いました。アイルランドの女神、ブリジッドと密接に関係しています。

北半球２／１・２　南半球８／１・２

◆地域によって異なる名称

Imbolc　インボルク／Feast of Bride　花嫁の祝祭
Brigid's day　ブリジッドの日／Blessing of Bride　花嫁の祝福日
Candlemas　キャンドルマス／Groundhog day　グランドホッグデー
Festival of Lights　ライトフェスティバル

◆関連する神、女神

Bride　ブライド／Brigid　ブリジッド

All deities that honour the youthful feminine　若々しさを象徴するすべての女神たち

◆関連する動物

Swan　白鳥／Ewes　メスの子羊／Cows　牛

All birthing&baby animals　生まれて間もないすべての動物、動物の赤ちゃん

All lactating animals　泌乳動物すべて

◆関連するストーン

Clear quartz　クリアクオーツ／Yellow tourmaline　イエロートルマリン

Rose quartz　ローズクオーツ／Hematite　ヘマタイト

Pearls　真珠（パール）

◆関連する植物・ハーブ

Ash　西洋トネリコ／Oak　オーク

Rowan　ナナカマド／Reeds　葦

Angelica　アンジェリカ／Basil　バジル／Bay　ベイ

Benzoin　ベンゾイン／Red herb　レッドハーブ

Dandelion　タンポポ／Dill　ディル

4 春分 (Spring Equinox)

魔女と魔術師たちは女神オスタラを讃えます。オスタラを象徴するものは卵と野ウサギです。オスタラは月に住みこの季節になると大地に近づき受胎と肥沃な大地を創造するエネルギーを送ると言われています。

北半球 3／20～23　南半球 9／20～23

◆地域によって異なる名称

Ostara　オスタラ／Alban Eiler（ケルト語で春分を意味する）
The day of trees Oestre　イースターの木の日／Lady Day　レディーデー
Gwyl Canol Gwenwynol（ウェールズ語で春分を意味する）

◆関連する神、女神

Ostara　オスタラ／Blodeuwedd　ブロダイエズ
Rhiannon　ライアノン

◆関連する動物
The Hare　野うさぎ／Rabbits　ウサギ
The chicken, duck, goose - all birds - for their sacred eggs!
卵を産むすべての鳥（ニワトリやアヒルなど。卵は聖なるアイテムのひとつ！）

◆関連するストーン
Moonstone ムーンストーン／Aquamarine　アクアマリン
Rose quartz　ローズクオーツ／Moss agate　モスアゲート
Green moonstone　グリーンムーンストーン

◆関連する植物・ハーブ
All bulbs　あらゆる球根植物／Jasmine　ジャスミン
Daffodils　ラッパ水仙／Narcissus　ナルキッソス（水仙の花）
Anything that flowers／grows in your region at Spring Anemone
アネモネなど春に咲く花
Violets　スミレ／Roses　バラ／Lily　ユリ
Sage　セージ／Frankincense　フランキンセンス
Myrrh　ミルラ

5 ベルテーン(Beltane)

子どもを授かることを目的とした祝祭であり、また恋人同士の関係がより深くつながるための祝祭です。五穀豊穣を願い、農作物が豊かに実るように、また動物たちがすくすく育つように祈ります。

魔女や魔術師たちが指揮をとり、祝福を捧げ、かがり火（ベルテーンファイアー）の周りを踊り、フェスティバルは進行します。男性性を象徴するシンボルとしてメイポール（背の高い柱）が会場内に飾られるのが一般的で、女性たちは、花輪飾りを頭につけてそのメイポールの周りで踊ります。

北半球 4／30・5／1　南半球 10／31・11／1

◆地域によって異なる名称

Beltane　ベルテーン／Beltaine　ベルターン

May Day　メイデー／Cetsamhain（ゲール語でサーウィンの対義語）

Celtic Flower Festival　ケルトのフラワーフェスティバル

Walpurgis night　ヴァルプルギスの夜

◆関連する神、女神

Bel　ベル／Cernunnos　ケルヌンノス

Grianne　グリアンヌ／Flora　フローラ

The Green Man　グリーンマン／Sulis　スリ

Sheelana Gig　シーラ・ノ・ギグ／Rhiannon　ライアノン

◆関連する動物

Stag　赤鹿／Deer　鹿／Honey bees　ミツバチ

Lambs　羊／Calves　子牛

◆関連するストーン

Ruby ルビー／Garnet ガーネット

Citrine シトリン／Clear quartz　クリアクオーツ

Amber アンバー／Topaz トパーズ

Sunstone サンストーン／Malachite マラカイト

Orange calcite　オレンジカルサイト

◆関連する植物・ハーブ

Birch　カバの木／Oak　オーク／Ash　西洋トネリコ
Thorn　トゲのある木／Rowan　ナナカマド／Apple　リンゴの木
Alder　ハンの木／Maple　メープルの木／Gorse　ハリエニシダ
Holly　ヒイラギ／Hawthorn　サンザシ
All seeds - anything that can grow（symbolising fertility）
すべてのハーブの「種」（種は誕生、受胎を意味する）
Strawberries　ストロベリー／Raspberries　ラズベリー
Peaches　ピーチ／Wild roses　野ばら
Vanilla　バニラ／Cinnamon　シナモン
Mead（made with herbs）　ハーブで育てられたハチミツ酒

6 夏至(Summer Solstice)

一年で一番、昼が長い日です。魔女や魔術師たちは、友だちや家族とのつながりを深め、妖精やそのほかの目に見えない存在たちとのつながりも深めるための祝祭の日としています。ちなみに、このすべてのエネルギーが高まる夏至前夜のロマンスを、舞台作品として描いたのが、シェイクスピアの「真夏の夜の夢」です。

北半球 6／20～23　南半球 12／20～23

◆地域によって異なる名称

Litha　リーザ／Feast of the Faery　妖精の晩餐会

Alban Hefin　アルバン・ヘフィン／Midsummer Eve　真夏の夜のイブ

Althing　アルシング

◆関連する神、女神

Aine – Irish Faery Queen アイネ（アイルランドの妖精）

The Green Man　グリーンマン／Dana　ダナ

Gwydion　グウィディオン／Llew　リュウ

Cerridwen　ケリドウェン／Morgan le Fay　モルガン・ル・フェイ

◆関連する動物

Horse　馬／Hawk　鷹

Badger　アナグマ／Bilby　ウサギバンディクート

Snake　ヘビ

◆関連するストーン

Amethyst　アメシスト／Malachite　マラカイト
Golden topaz　ゴールデントパーズ／Opal　オパール
Lapis lazuli　ラピスラズリ／Quartz　クオーツ
Azurite　アズライト

◆関連する植物・ハーブ

Apple　リンゴの木／Grapevine　ブドウの木
Passionfruit　パッションフルーツの木／Hawthorn　サンザシ
Beech　ブナ／Orange tree　オレンジの木
Lemon tree　レモンの木
Thyme　タイム／Honeysuckle　セイヨウスイカズラ
Lemon verbena　レモン・バーベナ／Lemon vervain　レモン・バーベイン
Lavender　ラベンダー／Daisy　デイジー

7 ルナサード(Lughnasad)

ルナサードは、ケルトの太陽神、ルーを讃えるための祝祭です。正義に向かう、光に向かうことをテーマとしていて、この祭事のタイミングで農作物の今年最初の収穫を行う風習がある国もあります。またこの祝祭は、魔術を通して町や村にさまざまな形で貢献する魔女や魔術師たちに感謝するお祭りでもあります。

北半球 8/1・2 南半球 2/1・2

◆地域によって異なる名称

Lughnasadh ルナサード/Harvest ハーベスト

Lammas ラマス(収穫祭を意味する言葉)

Harvest Mother's Day ハーベストマザーズデー

◆関連する神、女神

Llugh ルー/Llew リュウ

Tailtiu - Irish Goddess of the land タルトゥ(大地を司るアイルランドの女神)

The Green Man グリーンマン

The Corn Mother　コーンマザー／Demeter　デメテル
Cerridwen　ケリドウェン

◆関連する動物

Roosters　おんどり（雄鶏）／Calves　子牛
Sows　めすブタ／Geese　ガチョウ

◆関連するストーン

Aventurine　アベンチュリン／Peridot　ペリドット
Sardonyx　サードニックス／Golden tiger's eye　ゴールデンタイガーアイ
Golden topaz　ゴールデントパーズ／Ametrine　アメトリン

◆関連する植物・ハーブ

Grains – barley, for example Corn　麦やコーンなどの穀物全般
Blackberry　ブラックベリー／Mulberry　マルベリー
Oak　オーク／Oak Leaves　オークの葉
Aloes　アロエ／Sunflower　ひまわり
Sandalwood　サンダルウッド／Heather　ギョリュウモドキ
Acacia　アカシア／Cyclamen　シクラメン

8 秋分(Autumn Equinox)

マボンとして知られる秋分は、光（夏）が終わり、影（冬）に向かう前にバランスを調整するのに最適な時期です。内なる自分と向かい合い、人生に授かったあらゆる良きことや、学びを得るためにもたらされた経験のすべてに感謝を捧げましょう。

そして、冬という闇が訪れる前に、心の中に安定したスペースと時間を確保しましょう。

秋分は、深みのある有意義な時間を過ごし、自分自身あるいは他者との関係に変化を投じるのに適した時期です。そして、物事を黙考することによって、あなた自身がさらにパワフルになれるタイミングです。

北半球 9／20～23　　南半球 3／20～23

◆地域によって異なる名称
Alban Elfed（Welsh）アルバン・エルフェド（ウェールズ）
Second Harvest Festival　第二の収穫祭

Mean'n Fo'mhair（ドルイド教における名称）
The feast of Avalon　アヴァロンの宴／The finding of Winter　冬を見つける日

◆関連する神、女神

Epona エポナ／Morgan le Fey モルガン・ル・フェイ
Modron モドロン／Hecate　ヘカテ／The Crone　ザ・クローン
Persephone and Demeter　ペルセポネ（農業結婚神）とデメテル（農業の女神）
Mabon　マボン／The Green Man　グリーンマン　Odin　オーディン

◆関連する動物

Owl　フクロウ／Stag　雄鹿／Crow　カラス
Salmon　サーモン／Hounds　猟犬／Wolves　オオカミ
Birds of prey　猛禽類／Bear　クマ／Squirrel　リス

◆関連するストーン

Amethyst　アメシスト／Yellow topaz　イエロートパーズ
Carnelian　カーネリアン／Lapis Lazuli　ラピスラズリ
Sapphire　サファイア／Yellow agate　イエローアゲート
Ruby　ルビー

◆関連する植物・ハーブ

Vines　ブドウ／Ivy　アイビー／Hops　ホップ
Hazel　ヘーゼル／Apple　リンゴ／Roses　バラ
Pomegranate　ザクロ／Root crops　根菜類
Sage　セージ／Marigold　マリーゴールド／Myrrh　ミルラ
Passionflower　パッションフラワー／Milkweed　トウワタ

あとがき

この本を読み終えたあなたは今きっと、驚きと感激、そしてちょっぴり怒りを感じているかもしれませんね。あなたはどのストーリーに刺激を受けましたか？

こうして、あなたと魔術のストーリーを分かち合えたことが、わたしにとって大きな喜びです。ストーリーを読み終えて、魔術や魔女、魔術師に関する理解と深い知識を、自分の人生に反映していただけたら、それこそ魔女冥利に尽きます。

この本を通じて、魔術や魔女の歴史の一端に触れることができたとしたら、わたしたちはなんてラッキーなんでしょう！　魔女や魔術師だからといって、迫害を受けることのない時代にわたしたちは生きています。魔術の本を読んでも、書いても、罰を受けることはありません。本を焼き捨てられることもありません。

でも、電車の中でこの本を読んでいると、もしかしたら、不思議そうな顔で見られるかもしれません……（笑）。そんなときは、ぜひ胸を張ってこの本を周りの人に紹介してあげてください！

現代のわたしたちの目の前には、かつてない魔術のルネッサンス（復興）の時代が到来しています。無限の自由を満喫し、この時代に生きていることを存分に謳歌してください。

従来の慣習にとらわれない勇気ある選択が可能な時代です。刺激を受け、自由に旅に出かけることができ、思うことを思うままに表現できる世界にわたしたちは生きています。過去の魔女と魔術師たちが残してくれた偉大な宝物を心に刻み、自分自身の豊かな人生に反映させてゆきましょう。

不可思議に思えた魔術や魔女のことをあなたが心で理解するとき、その答えはあなたの人生の中にあると気がつくでしょう。

皆さんに祝福を。またどこかでお会いできることを楽しみにしています。次にお会いするときまで、どうか、人生を思いっきり謳歌し、毎日を楽しみと喜びで満たしてください。

永遠なる祝福を。

Merry meet, merry part, and merry meet again.

出会いと別れの祝福、そして再会への喜びを胸に――。

ルーシー・キャベンディッシュ

ブラッドムーンに

【参考文献について】

本書には膨大な数の文献の情報が反映されています。以下に掲載する文献以外にも、裁判記録や教会の議事録なども参照しています。また、それぞれの関係者へのインタビュー等によって収集した情報も本書に反映されていることを付記します。

取材および編集に協力いただいた多くの方々に感謝するとともに、大英博物館、ソールズベリーのウィルトシャー美術館、コーンウォールのボスキャッスルにある魔女美術館に謝意を捧げます。（著者）

参考文献リスト（訳注／邦訳本が刊行されているもののみ参考までにタイトル等を付記しました）

- *A Book of Secrets and Key of this World*　Dr.John Dee
- A *Brief and True Narrative of Some Remarkable Passages Relating to Sundry Persons Afflicted by Witchcraft, at Salem Village*　Reverend Deodat Lawson,1692
- A Brief History of the Druids　Peter Berresford Ellis/Robinson Publishing; UK,2002
- A *Discovery of Witches*　Matthew Hopkins,1647
- A *Modest Enquiry into the Nature of Witchcraft*　John Hale,1702
- A *Transcription of the Court Records: The Salem Witchcraft Papers* edited by Paul Boyer and Stephen Nissenbaum,1977
- *Aleister Crowley: The Biography*　Tobias Churton/Watkins Publishing,2011

・*An ABC of Witchcraft*　Doreen Valiente/Robert Hale Ltd,1994
・*Blood and Mistletoe: The History of the Druids in Britain*　Ronald Hutton/Yale University Press（London）,2009
・*High Magic's Aid*　Gerald B Gardner/Aurinia Verlag,2010
・*Hollywood Babylon*　Kenneth Anger,1959
日本語版単行本『ハリウッド・バビロン』Ⅰ・Ⅱ（ケネス・アンガー著／明石三世訳／パルコ　２０１１年）
・*John Dee's Conversations with Angels: Cabala, Alchemy and the End of Nature*　Deborah E Harkness/Cambridge University Press; Reissue,2006
・*Life of Merlin*　Geoffrey of Monmouth
・*Perdurabo: The Life of Aleister Crowley*　Richard Kaczynski/New Falcon Pubns,2002
・*Prophet Priest King: The Poetry of Philip Ross Nichols*　Ross Nichols
・*Psychic Self-Defense: The Classic Instruction Manual for Protecting Yourself Against Paranormal Attack*　Dion Fortune
日本語版単行本『心霊的自己防衛』（ダイアン・フォーチュン著／大島有子訳／国書刊行会　２００８年）
・*Secret Agent 666: Aleister Crowley, British Intelligence, and the Occult*　Richard Spence/Feral House,2008

・*The Affair of the Poisons*　Anne Somerset/St. Martin's Press,2014
・*The Art of Rosaleen Norton*　Rosaleen Norton and Gavin Greenlees
・*The Arthurian Tradition*　John Matthews/Aeon Books,2011
・*The Equinox Aleister*　Crowley/Red Wheel/Weiser,1993
・*The Great Cat Massacre*　Robert Darnton/Basic Books,2009
・*The Hieroglyphic Monad* Dr.John Dee/Red Wheel/Weiser,2001
・*The History of the Kings of Britain* Geoffrey of Monmouth
日本語版単行本『ブリタニア列王史』（ジェフリー・オブ・モンマス著／瀬谷幸男訳／南雲堂フェニックス１９９６年）
・*The Last Witch of Langenburg*　Thomas Robisheaux/W W Norton & Co Inc,2009
・*The Magick of Aleister Crowley: A Handbook of the Rituals of Thelema*　Lon Milo DuQuette/Red Wheel Weiser,1994
・*The Magickal Battle of Britain*　Dion Fortune/Arcania Press,1993
・*The Malleus Maleficarum*　Heinrich Kramer,1486
・*The Prophecies of Merlin*　Geoffrey of Monmouth
・*The Satanic Bible*　Anton LaVey/Avon; Reprint,1976

・*The Stations of the Sun*　Ronald Hutton/Oxford University Press, USA; Revised,2001
・*The Training & Work of an Initiate*　Dion Fortune,1930
・*The Triumph of the Moon*　Ronald Hutton/Oxford University Press, USA（Txt）; Revised,2001
・*The Way of Wyrd*　Brian Bates/Century,1983
・*The Witch of Kings Cross*　Neville Drury
・*The Wonders of the Invisible World: Being an Account of Several Witches Lately Executed in New England*　Cotton Mather/Palala Press,2015
・*Witchcraft for Tomorrow*　Doreen Valiente
日本語版単行本『魔女の聖典（魔女たちの世紀）』（ドリーン・ヴァリアンテ著／秋端勉訳／国書刊行会１９９５年）
・Witchcraft Today　Gerald B Gardner　Literary Licensing, LLC,2011
・*Witches & Neighbours: The Social and Cultural Context of European Witchcraft*　Robin Briggs　Wiley-Blackwel,2002
・*Women of the Golden Dawn: Rebels and Priestesses: Maud Gonne, Moina Bergson Mathers, Annie Horniman, Florence Farr*　Mary K Greer　Inner Traditions,1994

■著者

ルーシー・キャベンディッシュ（Lucy Cavendish）

自然界の波動と調和するナチュラルウィッチ。

数多くの著作のほか、テレビ・ラジオなどにも出演し、マジックの実践法や、サイキック能力を引き出す独自のメソッドを公開している。

現在、ワークショップやリトリートを開催し、自然と一体となるマジックワーク、および、人生をより幸せへと導くエッセンスを紹介。また、妖精、女神、天使たちと交信を行い、クライアントのエネルギーパターンや過去世などを見分け、魂の遠い記憶に立ち返る前向きな生き方を提言。

その功績は、米国スピリチュアル界のリーダーであるディーパック・チョプラ医学博士たちから賞賛を浴びている。

オーストラリア・シドニー在住。愛する家族と、さまざまな動植物に囲まれて暮らし、日々、サーフィンやビーチでの散策を楽しんでいる。

邦訳された著書に『レムリア、アトランティス、アヴァロンへの旅〜あなたの魂はどこから来たのか？〜』、『マーメイド・マジック〜母なる海のパワーとつながるために〜』、『魔女の手引き〜魔女が教える魔術の基本と実践スペル〜』（以上アールズ出版）のほか、「シェイプシフター オラクルカード」「シャドウ&ライト オラクルカード」「マーメイド オラクルカード」（以上ヴィジョナリー・カンパニー）などがある。

https://floweressencesnatu.wixsite.com/lucycavendish
https://www.facebook.com/LucyCavendishJP/

■翻訳者

住友玲子（すみとも・りょうこ）

バイリンガル・コミュニケーター。桜美林大学卒業。バイリンガル司会、翻訳・通訳などを手がけるほか、日本とハワイをつなぐプロジェクトコーディネーターとして活動。

訳書に『レムリア、アトランティス、アヴァロンへの旅〜あなたの魂はどこから来たのか？〜』『マーメイド・マジック〜母なる海のパワーとつながるために〜』『魔女の手引き〜魔女が教える魔術の基本と実践スペル〜』（以上アールズ出版）、電子書籍に『IZ-Facing Future』（ごきげん出版）がある。

http://www.ryokosumitomo.com

魔女と魔術師

発行日　2017年10月31日　初版第1刷発行
著者――ルーシー・キャベンディッシュ
翻訳者――住友玲子
発行者――森　弘毅
発行所――株式会社 アールズ出版
〒112-0002
東京都文京区小石川1-9-5　浅見ビル
[TEL]　03-5805-1781
[FAX]　03-5805-1780
http://www.rs-shuppan.co.jp
装丁・組版――中山デザイン事務所
印刷・製本――中央精版印刷株式会社

ISBN978-4-86204-286-6 C0011

ホワイトウィッチ、ルーシー・キャベンディッシュの本

レムリア、アトランティス、アヴァロンへの旅
あなたの魂はどこから来たのか?

あなたはレムリアン？　アトランティアン？
それともアヴァロニアン？
あなたの魂に刻まれた遠い故郷の記憶が今、甦る！

ルーシー・キャベンディッシュ著　住友玲子訳　ミキマキコ監訳
定価（本体 2400 円+税）　四六判・ソフトカバー／ 444 ページ　978-4-86204-217-0

マーメイド・マジック
母なる海のパワーとつながるために

マーメイドはあなたに備わる女性性の象徴です。
命の源であり、命の故郷でもある海からあなたを見守り、
あなたとつながることで母なる海のエネルギーを
届けてくれます。

ルーシー・キャベンディッシュ&セレーン・コネリー著　住友玲子訳
定価（本体 2400 円+税）　四六判・ソフトカバー／ 444 ページ　978-4-86204-250-7

魔女の手引き
魔女が教える魔術の基本と実践スペル

魔術を学び、習得し、実践するほどに、
あなたのなかに眠る変容のパワーが目覚めます。
基本編と実践編の２部構成。魔術の世界のルールや歴史、
聖なる空間の作り方 etc. を学んだあと、49 の魔術の「呪文」
があなたを魔法の世界へといざないます。

ルーシー・キャベンディッシュ著　住友玲子訳
定価（本体 2200 円+税）　Ａ５判・ソフトカバー／ 256 ページ　978-4-86204-276-7